焦化行业绿色低碳发展路径研究与案例

周长波 王晓萌 钟 玲 等编著

北 京

内容简介

《焦化行业绿色低碳发展路径研究与案例》是在我国将碳达峰碳中和纳入生态文明建设整体布局、大力推进重点行业减污降碳协同增效的大背景下，以我国基础能源原材料行业——焦化行业为主体，围绕焦化行业绿色低碳转型发展路径编写而成。

本书包含6大部分，主要内容为焦化行业发展概况、绿色低碳诊断方法、绿色低碳政策标准、绿色低碳技术、现场检查要点及绿色低碳诊断案例，展示了绿色低碳诊断在推动地方焦化行业绿色升级、解决生态环境难题中的关键作用。

本书可为焦化企业在实现技术升级、推广绿色技术、提升污染防治水平等方面提供参考与借鉴。

图书在版编目（CIP）数据

焦化行业绿色低碳发展路径研究与案例 / 周长波等编著. -- 北京：化学工业出版社，2024.9. -- ISBN 978-7-122-45925-1

Ⅰ．F426.7

中国国家版本馆CIP数据核字第20242QZ907号

责任编辑：郭宇婧　满悦芝　　　　文字编辑：王　琪
责任校对：王鹏飞　　　　　　　　装帧设计：张　辉

出版发行：化学工业出版社
　　　　　（北京市东城区青年湖南街13号　邮政编码100011）
印　　装：北京天宇星印刷厂
710mm×1000mm　1/16　印张10　字数169千字
2024年11月北京第1版第1次印刷

购书咨询：010-64518888　　　　　售后服务：010-64518899
网　　址：http://www.cip.com.cn
凡购买本书，如有缺损质量问题，本社销售中心负责调换。

定　　价：49.80元　　　　　　　　　　版权所有　违者必究

前　言

焦化作为我国国民经济的重要支柱产业，历经改革开放40多年发展，取得了卓越的成绩。2003—2012年是焦化行业的高速增长时期，2005年我国焦炭产量2.65亿吨，首次突破世界焦炭产量的50%，之后陆续跨越3亿吨、4亿吨台阶，2011年达到43433万吨。2013年开始进入运行平稳阶段，截止到2023年底，全国焦炭产量约4.9亿吨，占世界焦炭产量的三分之二以上，炼焦技术装备出口到10多个国家，可以说我国是当之无愧的世界焦炭生产、消费和贸易大国。

作为我国重要的基础能源原材料产业，焦化行业一方面对我国经济社会健康稳定发展发挥着重要作用，另一方面也是我国实施生态保护、污染防治和碳减排的重点领域。"十四五"时期我国进入新发展阶段，2021年9月，中共中央、国务院印发《关于完整准确全面贯彻新发展理念做好碳达峰碳中和工作的意见》，为做好碳达峰碳中和工作做了顶层部署。2021年12月中央经济工作会议召开，会议强调要正确认识和把握碳达峰碳中和。推进碳达峰碳中和是党中央经过深思熟虑作出的重大战略决策，是我们对国际社会的庄严承诺，也是推动高质量发展的内在要求。

进入新发展阶段，面对新的发展要求，行业正全力转型升级。2023年，我国焦炭生产的核心区域持续推进焦炉的升级改造，这一轮的技术革新极大地推动了焦化企业在安全运营、环保生产、节能减排、信息化建设以及自动化控制等多领域的显著提升。在这一转型升级的浪潮中，诸如焦炉集气管压力单调技术、焦炉自动测温技术、上升管余热回收技术，以及循环氨水余热制冷技术等尖端科技得到了广泛的实施与应用。

可见，我国焦化行业发展正处于向高质量、现代化转型升级、爬坡过坎的关键阶段，未来深化改革、优化结构、转型升级、化解过剩产能、节能降碳等都将成为焦化行业减污降碳发展面临的困难与挑战。因此，在污染防治与应对气候变化双轨制策略下的新发展阶段，如何统筹推进焦化行业绿色低碳协同发展，是生态环境管理的重大需求，具有重要的研究价值。

本书首先介绍了焦化行业整体发展概况、生产工艺流程及产排污特征。其次提出构建一种支撑行业绿色低碳转型的绿色诊断方法，并根据绿色低碳诊断的理论方法，对绿色低碳诊断法律法规和标准体系、诊断程序、先进技术、诊断要点等进行了论述。最后以某市焦化行业绿色低碳诊断实践为例，阐释了绿色低碳诊断对解决地方生态环境保护的难点与痛点，推动地方焦化行业绿色转型升级发挥的积极作用。希望本书的出版能给焦化企业技术升级改造、绿色低碳技术应用推广和提升污染防治水平提供参考，为焦化行业节能减排和绿色低碳发展提供借鉴。

本书由生态环境部环境发展中心周长波研究员主持编写，周长波、王晓萌负责全书统稿和整体修改工作。第一章由任慧编写；第二章由李晟昊编写；第三章由王幸智编写；第四章由钟玲编写；第五章由李晟昊编写；第六章由王晓萌编写。感谢化学工业出版社有限公司在本书出版过程中提供的诸多建议和指导。

受水平所限，本书所做分析及技术案例参考了诸多文献，书中不足之处在所难免，恳请广大读者批评指正。

作者

2024 年 7 月

目 录

第一章　焦化行业发展概况 …………………………………………… 1
第一节　行业概况 ………………………………………………………… 1
一、全球焦化行业发展概况 ………………………………………………… 1
二、我国焦化行业发展现状 ………………………………………………… 2
三、我国焦化行业发展历程 ………………………………………………… 5
第二节　行业主要工艺流程及产排污环节 ……………………………… 8
一、相关生产设备 ………………………………………………………… 10
二、备煤工段生产工艺及产排污节点 …………………………………… 13
三、炼焦工段生产工艺及产排污节点 …………………………………… 14
四、化产工段生产工艺及产排污节点 …………………………………… 15
五、焦化行业碳排放分析 ………………………………………………… 23

第二章　焦化行业绿色低碳诊断方法 ……………………………… 27
第一节　绿色低碳诊断方法概述 ………………………………………… 27
一、绿色低碳诊断的基本概念 …………………………………………… 27
二、开展绿色低碳诊断的必要性及意义 ………………………………… 28
三、绿色低碳诊断方法 …………………………………………………… 29
第二节　绿色低碳诊断程序 ……………………………………………… 33
一、筹划与组织 …………………………………………………………… 33
二、现场工作 ……………………………………………………………… 35
三、方案的产生与实施 …………………………………………………… 38
四、持续性绿色低碳诊断 ………………………………………………… 43

第三章　焦化行业绿色低碳政策标准　45

第一节　焦化行业政策法规　45
一、焦化行业法律法规　45
二、焦化行业政策要求　50
三、焦化行业产业规划　58

第二节　焦化行业标准规范　65
一、国家标准规范　65
二、行业标准规范　75

第四章　焦化行业绿色低碳技术　83

第一节　源头减排技术　83
一、装煤车封闭技术　83
二、高压氨水喷射技术　83
三、导烟技术　83
四、单孔炭化室压力调节技术　84
五、分段（多段）加热技术　84
六、废气循环技术　84
七、压力平衡技术　84
八、微负压炼焦技术　84
九、双室双闸给料技术　85

第二节　过程控制技术　85
一、熄焦工艺的改进　85
二、煤调湿技术　85
三、蒸氨设备的改造　86
四、导热油代替蒸汽蒸氨　87
五、负压蒸氨　87
六、负压蒸苯　87
七、处理湿焦粉的设备改造　88
八、大容积顶装、捣固炼焦技术　88

第三节　末端治理技术　89
一、废气治理技术　89
二、废水处理技术　91
三、固体废物治理技术　93

四、噪声治理技术 93
　　五、污染治理技术应用场景示例 94
第四节　废弃资源循环再利用 100
　　一、焦炉烟气余热利用 100
　　二、干熄焦余热利用技术 100
　　三、炭化室荒气回收和压力自动调节 101
　　四、荒煤气显热回收 101
　　五、改性焦粉脱除废水中 COD 和氨氮 101
第五节　在线监测技术 102
　　一、废气在线监测 102
　　二、废水在线监测 102
　　三、全过程监管平台 103
　　四、污染源自动监测设备动态管控系统 104
第六节　环境管理措施 106
　　一、废气管理措施 106
　　二、废水管理措施 106
　　三、固体废物管理措施 107
　　四、噪声管理措施 107
　　五、节能管理措施 107

第五章　焦化行业现场检查要点 —— 109
第一节　在建项目检查要点 109
　　一、产业政策 109
　　二、地理位置 110
　　三、环评制度执行 111
　　四、"三同时"制度执行 111
第二节　运行项目现场检查要点 112
　　一、产业政策 112
　　二、生产现场 112
　　三、污染防治治理设施 115
　　四、环境应急管理 126
　　五、综合性环境管理制度 127

第六章　S省F市焦化行业绿色低碳诊断案例······128
第一节　工作背景······128
第二节　工作流程······129
　一、筹划与组织······129
　二、现场工作······130
　三、方案的产生与实施······130
　四、持续性绿色低碳诊断······130
第三节　工作成果······130
　一、企业1绿色低碳发展方案······131
　二、企业2绿色低碳发展方案······134
　三、企业3绿色低碳发展方案······138
　四、企业4绿色低碳发展方案······140
　五、F市焦化行业整体绿色低碳发展方案······144

参考文献······150

第一章
焦化行业发展概况

本章主要介绍了焦化行业整体发展概况。多年来我国一直是世界焦炭的生产、消费和贸易大国,2021年焦炭产量4.64亿吨,占世界焦炭产量的68%以上。我国焦化行业经历了从无到有、从小到大、由弱到强的三个发展阶段。随着国民经济的快速发展和社会技术的进步,国家产业政策和宏观调控方针政策的贯彻落实,焦炉建设和改造朝着大型化、现代化方向发展,一大批先进适用技术被推广使用,我国焦化行业工艺技术装备水平不断提高。

焦化生产过程主要污染物有颗粒物、二氧化硫、氮氧化物,化产阶段还会产生挥发性有机物,本章对焦化行业的工艺流程及其产排污节点、具体污染物进行了详细介绍。随着我国"双碳"目标的提出,焦化行业减碳势在必行,因此本章对焦化行业二氧化碳排放环节和核算方法进行了简要介绍。

第一节 行业概况

一、全球焦化行业发展概况

焦化是以煤为原料、以炼焦为核心、回收焦化副产品及其深加工和焦炉煤气综合利用的产业,是国民经济支柱产业之一,其产品在钢铁、电石化工、有色冶炼、机械铸造等相关产业中广泛应用,对拉动国民经济增长和保障人民生活具有重要的作用。2019年,全球焦炭产量6.83亿吨,产量1千万吨以上的区域包括亚洲 5.64 亿吨、俄罗斯及独联体 4.13 千万吨、欧洲 3.73 千万吨、北美 1.57 千万吨、拉丁美洲 1.39 千万吨。从国家层面来看，产量 1 千万吨以上的国家主要有中国 4.71 亿吨、日本 3.27 千万吨、印度 3.03 千万吨、俄罗斯 2.68 千万吨、韩国 1.77 千万吨、美国 1.18 千万吨。2013—2019 年，中国焦炭产量均居全球首位，占比接近 70%。

二、我国焦化行业发展现状

多年来我国一直是世界焦炭的生产、消费和贸易大国。据统计，截止到 2021 年底，我国在产企业 351 家，冶金焦产能 5.37 亿吨、半焦（兰炭）产能 1.10 亿吨，合计 6.47 亿吨。我国的焦炭产能主要分布在山西、河北、山东、陕西、内蒙古等省区。焦化企业主要分为独立焦化企业和钢铁联合焦化企业两种，我国焦化行业形成以大型独立焦化企业为主体、中小焦化企业并存的二维竞争格局，市场集中度较低，无序竞争、产品同质化竞争以及低价竞争明显。

1. 焦化行业技术持续进步

随着国民经济的快速发展和社会技术的进步，国家产业政策和宏观调控方针政策的贯彻落实，焦炉建设和改造朝着大型化、现代化方向发展，一大批先进适用技术被推广使用，我国焦化行业工艺技术装备水平不断提高。

长期以来，我国大中型焦化厂以炭化室高 4.3m 焦炉为主体装备。1970 年攀枝花钢铁公司建成的炭化室高 5.5m 焦炉，是中国焦炉建设向大容积方向发展的开端。直到改革开放初期的 1985 年，宝钢焦化一期工程建成了 4 座 50 孔、炭化室高 6m 的新日铁 M 式焦炉；1987 年，鞍山焦耐院自主设计开发的炭化室高 6m、有效容积 38.5m^3 的 JN60 型焦炉在北京炼焦化学厂建成投产；宝钢二期建成了由鞍山焦耐院自行设计建设的 4 座 50 孔、炭化室高 6m 的 JNX 型焦炉。此后，鞍钢、武钢、首钢、本钢、攀钢、涟钢、包钢、济钢、莱钢、沙钢、神州煤电、酒钢、鄂钢、淮钢、唐山佳华、营口嘉晨、唐山开滦、中煤京达、淮北临涣、通钢、宝钢梅山、柳钢、安泰等一批 6m 焦炉相继建成投产；鞍钢鲅鱼圈、邯钢新区的 7m 焦炉建成投产；2005 年，中冶焦耐公司开发出中国首套具有完全自主知识产权的炭化室高 7m、有效容积 48m^3 的 JNX70 型超大容积焦炉，该炉型于 2008 年在邯钢和鞍钢鲅鱼圈成功投产；2006 年 7 月 28 日山东兖矿 7.63m 超大型焦炉投产，随后太钢、马钢、武钢、首钢京唐等一批 7.63m 特大型焦炉也相继建成投产。

建设大型化焦炉极大提高了我国焦化行业的技术装备水平，现在我国一些大型钢铁企业焦化厂和独立焦化企业的技术装备和生产管理水平已位居世界前列。随着焦炉向大型化发展，炼焦过程自动化控制技术、火落管理、大型煤仓储配技术、配煤专家系统技术、岩相配煤技术、焦炉加热自动控制技术、焦炉集气管压力控制技术等被普遍采用，提高了我国焦化行业的技术装备水平，大幅改善了焦化生产环境，加快了焦化产业结构的优化升级。

在现代科技发展的推动下，为满足市场多样需求、适应资源供给和环境改善等挑战，我国利用煤料干馏炼焦的传统工艺，实现了对煤炭分质优化利用，在获得固态产品"焦炭"的同时，还副产出炼焦生产特有而稀缺的液态产品——煤焦油、焦化粗（轻）苯等炼焦煤化工产品和数量可观的气态产品——焦炉煤气等产品。我国在煤炭干馏技术的开拓、焦炉大型化、煤气资源化和炼焦化学产品的精深加工、节能减排等方面均有所突破与发展，实现了我国炼焦行业由焦炭生产大国向炼焦技术强国的转变。

2. 焦化行业"十三五"发展成效

"十三五"期间，焦化行业大力推进供给侧结构性改革，加快转型升级，从规模扩张向质量效益转型；从粗放管理向科学、规范、精益求精转型；从追求产量增长向集约高效、资源节约和环境友好转型；从短期效应向可持续发展转型。实施工艺技术升级、装备检验水平升级，服务用户水平升级，推进焦化行业和企业的转型升级取得了实质性成效。目前，我国焦化行业已形成集"研发设计、装备制造、建设施工、生产管理、检化验手段"等功能完备，拥有先进工艺技术和现代装备的炼焦工业体系[1]。

供给侧结构性改革深入推进。焦化行业化解过剩产能超过 5000 万 t。与此同时，一批现代化大型焦炉相继建成投产，技术装备研发及应用水平进一步提高。产业链延伸取得新成效，焦炉煤气综合利用制甲醇联产合成氨、制天然气，煤焦油加工尤其是针状焦等炭材料开发应用获得长足进步，满足了钢铁、化工、有色、铁合金、电石、机械等领域发展的需求，并累计出口焦炭 3700 万 t。积极推进兼并重组，山西、河北、山东、江苏、陕西等焦炭生产大省产业集中度进一步提高，大多数企业有序进入煤化工园区或经济技术开发区，产业布局得到优化。落实"一带一路"倡议，海外市场进一步拓展，炼焦技术装备已出口海外十几个国家。工业和信息化部为进一步加快焦化行业转型升级，促进焦化行业技术进步，提升资源综合利用率和安全环保节能水平，根据国家有关法律法规和产业政策，制定发布《焦化行业规范条件》。

大力推进科技进步。我国焦化行业"四新技术"中的一批关键核心工艺装备,实现了从引进、模仿、跟踪向自主创新和研发制造、全部国产化以至超越领先的转变。"十三五"(2016—2020年)期间,焦化行业共获得国家科学技术进步奖一等奖1项(中冶焦耐牵头完成的"清洁高效炼焦技术与装备的开发及应用")、二等奖1项(鞍钢股份参与的"全过程优化的焦化废水高效处理与资源化技术及应用");获得中国冶金科学技术奖16项,其中:特等奖1项(中冶焦耐牵头完成的"超大容积顶装焦炉技术与装备的开发及应用"),一等奖3项,二等奖5项,三等奖7项。我国炼焦工业的研发设计、装备制造、工程建设和高效运行管理水平大幅提升,为建设我国现代化焦化产业提供了坚实的技术装备保障。

坚持绿色发展节能减排取得新突破。焦炉上升管余热、初冷器余热、烟道气余热、循环氨水余热回收利用等技术开发应用不断成熟完善;落实国务院大气污染防治攻坚战措施,焦炉烟气脱硫脱硝技术研发取得突破并得到广泛应用,有效降低了能耗、物耗、水耗和污染物排放量,国家环境重点监控地区焦化生产企业基本实现了达标排放;生态环境部编制了《炼焦化学工业污染防治可行技术指南》,针对不同的焦炭生产工艺的废水污染和废气污染提出了一系列污染防治技术;发展循环经济,焦炉煤气脱硫废液提盐、制酸等高效资源化利用技术,不仅有效解决了废弃物污染问题,而且增加了企业的经济效益。开展"焦化示范企业"创建试点工作,构建高效、清洁、低碳、循环的绿色发展体系成效显现。

积极探索焦炉产能利用新途径。充分发挥焦炉的干馏分质功能和能源转换效率高的优势开发气化焦,进而合成天然气、甲醇等清洁原燃料;生产民用洁净焦替代散煤燃烧污染的应用推广也取得显著成效,为焦化产业结构调整、煤炭高效清洁利用和污染物减排开辟了新的途径。

认真落实"互联网+"行动计划。积极推进"两化"融合,实现了企业信息流、物资流、资金流的顺畅可控、信息资源共享,提升了资源优化配置、科学决策、全流程优化再造,生产经营有序、高效、稳定运行的管理水平。创新商业模式,积极利用电子商务交易和期货交易等现代化手段,提高企业焦化产品交易的规范性和效率。

3. 焦化行业碳排放现状

据统计数据,焦化行业二氧化碳排放总量从2017年起逐年上升,并且增速有所放缓;2019年吨焦二氧化碳排放量约为370kg,同比下降2.4%。2022年8月中国炼焦行业协会发布了《焦化行业碳达峰碳中和行动方案》,提出焦化行业要在 2025 年前实现碳达峰。到 2025 年焦化废水产生量减少 30%，氮氧化物和二氧化硫产生量分别减少 20%；能源管控中心普及率达到 50% 以上；全流程信息化管控系统应用达到 50% 以上，智能制造在焦化行业有所突破；以及重点区域企业超低排放改造、提高节能降耗效率水平等措施。到 2035 年力争减碳 30%，在 2060 年前实现碳中和。

要实现上述目标，焦化行业仍面临较大考验。一是新增和置换产能陆续投产，焦炭产量增加导致碳排放总量难以控制。仅 2021 年一季度，新投产产能 794 万吨，2021 年达 3000 万吨以上，新增和置换产能逐渐投产、达产，行业二氧化碳排放总量增速放缓的趋势难以保持。二是吨焦能耗的降幅对行业碳达峰贡献有限。《焦炭单位产品能源消耗限额》（GB 21342—2013）规定，吨焦能耗限定值、准入值、先进值分别为 155kgce/t、127kgce/t、115kgce/t（以捣固焦炉为例），2016 年以来吨焦能耗平均统计值为 127.8kgce/t，仍存在优化空间，但与产量相比，对行业碳达峰贡献有限。三是企业减污降碳水平差距明显。在钢铁行业超低排放改造过程中，山西太钢、首钢京唐、安阳钢铁等钢铁企业的焦化工序已达到超低排放水平，有组织废气稳定达标，无组织废气应收尽收，现场基本"无异味"；重点地区部分企业配套焦化废水深度处理回用、焦炉精准加热自动控制、煤气管道压力平衡等协同减污降碳技术装备，实现污染物减排、资源利用提高、吨焦能耗稳定达到先进值。但是，管理水平较差的企业在上述方面仍存在较大差距。云南、陕西等非重点地区落后生产工艺装备（常规焦炉炭化室高度小于 4.3m、半焦炭化炉产能 7.5 万 t/a 以下等）亟须淘汰；部分半焦（兰炭）企业 VOCs 收集治理水平低下，个别贮槽（池）无组织瞬时排放浓度高达 10000μL/L 以上；部分企业对焦炉炉墙串漏、焦炉烟囱含氧量、冷鼓及循环冷却水温度等环节缺乏系统化、精细化管理，过于依赖污染物末端治理措施，能耗居高不下。

三、我国焦化行业发展历程

我国焦化行业发展历程大致可分为 3 个阶段。

1. 第一阶段：1949 年以前

1949 年以前，焦化行业是以煤炭为原料进行能源转换的产业。早在 1898 年我国在江西萍乡煤矿和河北唐山开滦煤矿已有工业规模的焦炉生产，仅比 1881 年德国建设投产的世界第一座回收化学产品的焦炉晚 17 年。到 1916 年，我国焦炭产量达到 26.6 万 t。第一次世界大战后，我国在鞍山、本溪、石家庄等地开始建设可回收化工产品的现代焦炉。20 世纪三四十年代，在我国东北的鞍山、吉林、大连和本溪，华北的北平石景山铁厂，山西太原西北炼钢厂，上海吴淞煤气厂，重庆大渡口钢铁厂，山西长治枣臻村，陕北延安等地建成一批不同规模的炼焦炉并先后投产。同时还在云南省平浪、宣威等地和四川省威远、南桐等地采用成堆干馏法生产焦炭，供炼铁和铸造用。到 1949 年 10 月中华人民共和国建立前，我国曾先后建成各种现代焦炉共 28 座，总设计焦炭产能约为 510 万 t/a。由于长期战争的破坏，只有鞍山、太原、石家庄等地区少数企业的部分焦炉维持生产，1949 年全国焦炭产量仅为 52.5 万 t。

2. 第二阶段：1949—1978 年

1949—1978 年，我国炼焦工业开始加快发展。1949 年，我国焦化行业生产焦炭仅 52.5 万 t。随着钢铁工业的大力发展，炼焦工业也快速发展，我国引进了苏联的炼焦技术与焦炉管理经验，在鞍钢建设了苏联设计的 ITBP 型和 ITK 型焦炉。在学习和利用外国先进经验的同时，我国也加快了炼焦行业的自主研发，先后增设了多个专门研究机构与部门。1952 年北京钢铁工业试验所（冶金工业部钢铁研究总院前身）成立煤焦研究室，同年鞍山黑色冶金设计院内设置炼焦专业设计室；1955 年我国成立冶金工业部焦化工业热工站，负责焦炉砌筑施工的技术监督、焦炉烘炉、焦炉开工和焦炉热工调整工作；1958 年建立鞍山焦化耐火材料设计研究院。1965 年我国自行设计的 5.5m 大容积焦炉首先在攀钢开始建设，1970 年 6 月 1# 焦炉顺利投产，2#、3#、4# 焦炉也相继在 1971 年、1972 年、1973 年投产，为中国焦炉大型化建设生产迈出了可喜的第一步。到 1978 年，全国焦炭产量为 4690 万 t。

3. 第三阶段：1978 年至今

改革开放以来，特别是进入 21 世纪以来，随着国民经济的持续快速发展，钢铁冶金、化工、有色、机械制造等行业的巨大市场需求，强力地推动了我国焦化行业的快速发展。我国焦炭年产量快速增长，并于 2011 年产量突破 4 亿 t，达到 4.34 亿 t，有力地支撑了国民经济的高速发展。2018 年、2019 年、2021 年全国焦炭产量分别为 4.482 亿 t、4.7126 亿 t 和 4.6446 亿 t，焦炭产量处于平稳状态。我国炼焦行业在有力地满足工业对焦炭数量与质量高需求的同时，还生产了数量可观的煤焦油、焦化苯等独有的炼焦化学品、数亿立方米的焦炉煤气及炼焦煤气制甲醇、LNG 等。这一时期炼焦行业经历了持续发展，可大致分为四个时段。

(1) 时段一（1978—1993 年）

1978—1993 年期间，我国粗钢产量从 1978 年的 3178 万 t 发展到 8954 万 t，年均递增 7.15%；生铁产量从 3479 万 t 发展到 8738 万 t，年均递增 6.33%；焦炭产量从 4690 万 t 发展到 9300 万 t，年均递增 4.68%。这一时期，我国钢铁生产基本处于平稳增长阶段，我国焦炭生产也相应处于平稳发展时期。

(2) 时段二（1994—2002 年）

1994—2002 年期间，我国钢铁和焦炭产量均先后跨越 1 亿 t 台阶。粗钢产量从 1993 年的 8954 万 t 到 1996 年突破 1 亿 t，2002 年增加到 18225 万 t，年均递增 8.22%；生铁产量从 9741 万 t 到 1995 年突破 1 亿 t，2002 年达 17075 万 t，年均递增 7.73%；焦炭产量在 1994 年突破 1 亿 t 基础上，2002 年达到 14289 万 t，年均递增 4.89%。这一时期，中国加入 WTO，扩大了机电产品等外贸出口，申办奥运成功等加快了基础设施建设，我国钢铁和焦化行业经历了 1990—1992 年的调整后进入加快发展时期。

(3) 时段三（2003—2012 年）

2003—2012 年期间，我国粗钢、生铁产量分别从 2002 年的 18225 万 t 和 17075 万 t，先后跨越 2 亿 t、3 亿 t、4 亿 t、5 亿 t、6 亿 t、7 亿 t 台阶，2012 年分别达到 71654 万 t 和 65791 万 t。在钢铁产量快速增长的拉动下，焦化行业经历了两次资产投资高峰期，2005—2009 年的 5 年中，年均资产净额增加 500 亿元以上，年均增长约 28%；2010—2012 年的 3 年中，投资年均增长 22%，净额年均增加 1000 亿元以上。焦炭产量从 2002 年的 14289 万 t，2005 年达到 23282 万 t，2007 年达到 32894 万 t，2011 年达到 42779 万 t，先后跨越 2 亿 t、3 亿 t、4 亿 t 台阶，2012 年达到 44323 万 t，成为我国焦化行业创历史的高速增长时期。

(4) 时段四（2013—2021 年）

2013—2021 年期间，焦炭产量同比增幅分别为 7.5%、0.1%、-6.1%、0.3%、-3.3%、0.8%、5.2%、0%、-2.2%。国家统计局数据显示，2018 年全国焦炭产量累计为 4.38 亿 t，2019 年全国焦炭产量 4.71 亿 t，2020 年全国焦炭产量 4.71 亿 t，2021 年全国焦炭产量 4.64 亿 t。从近年焦炭产量增长情况看，焦化行业生产从 2013 年开始进入峰值弧顶区，之后呈现峰值弧顶下行震荡趋势。尽管 2019 年全国焦炭产量有大幅增长，但焦炭价格下降幅度较大、焦炭出口量价齐跌，同时原料煤价格高位运行，焦化行业经济效益大幅下滑。

我国 2003—2021 年焦炭产量如图 1-1 所示。

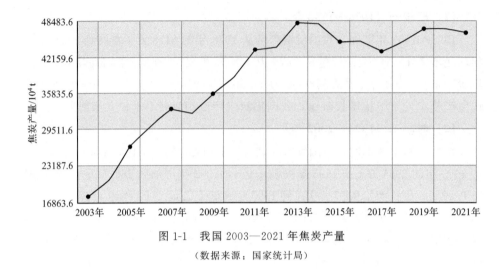

图 1-1　我国 2003—2021 年焦炭产量

（数据来源：国家统计局）

第二节　行业主要工艺流程及产排污环节

炼焦是指在隔绝空气的条件下，将炼焦煤加热到 1000℃，通过热分解作用和结焦作用，产生焦炭、焦炉煤气以及其他化学产品的工艺，是现代钢铁工业中一个非常重要的环节。炼焦得到的焦炭热强度大、气孔率高，是高炉炼铁中一种非常重要的燃料，同时也可以作为还原剂、输送剂以及支撑剂等，而作为副产品的焦炉煤气发热值极高，可以作为加热炉和平炉的一种气体燃料，同样是钢铁工业生产中一种重要的能源组分。

就目前的发展情况分析，炼焦生产通常需要用到焦炉以及相应的辅助设备，包括装煤、推焦、熄焦以及筛焦几个比较关键的环节。为了保证良好的生产效率，在每一个焦炉组中都会配备相应的装煤车、拦焦机以及电动车等，同时还设置有必要的焦台和筛焦站。最近几年，伴随着炼焦工艺的发展，其关键环节也出现了一定的变化，如煤捣固工艺、配型煤工艺以及煤预热工艺等，促进了炼焦效率以及焦炭质量的提高。

炼焦化学工业主要生产工艺分为常规焦炉、热回收焦炉、半焦（兰炭）炭化炉三类。常规焦炉根据装煤方式分为顶装和捣固侧装两种类型；热回收焦炉包括卧式和立式，主要是焦炉结构不同；半焦（兰炭）炭化炉包括内热式和外热式，目前国内主要是内热式。

常规焦炉炭化室、燃烧室分设，炼焦煤隔绝空气间接加热，干馏成焦炭和荒煤气，并设有煤气净化、化学产品回收利用的生产装置，包括备煤、炼焦、熄焦、焦处理、煤气净化等生产单元。炼焦煤从火（汽）车受煤设施送至煤场（或筒仓），经破（粉）碎、配煤后，通过顶装或侧装方式装入焦炉炭化室，经高温干馏得到焦炭和焦炉煤气；焦炭经熄焦、整粒、筛分后送至焦场（或焦槽）；荒煤气经净化后回收焦炉煤气、焦油、粗苯等化学产品。

热回收焦炉与常规焦炉相比，具有如下特点：一是不具备煤气净化单元，产生的煤气全部燃烧，燃烧废气余热用于发电；二是在焦炉后设置引风机，通过控制风门，使炭化室处于微负压状态。

半焦（兰炭）炭化炉与常规焦炉相比，半焦（兰炭）炭化炉对原料煤进行中低温干馏；内热式炭化炉煤气与煤料直接接触，并与燃烧后烟气混合供后续用户使用，煤气产量较高、热值较低；炭化炉煤气净化单元仅回收焦油，不回收粗苯等化学产品。

焦化生产过程主要分为备煤工段、炼焦工段、化产工段三个阶段，整体工艺流程如图 1-2 所示[2]。

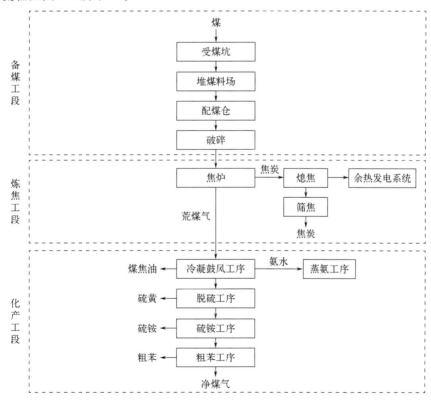

图 1-2　各生产工段衔接框图

一、相关生产设备

1. 焦炉

焦炉又称炼焦炉，是用于煤炼焦的设备，是焦化技术中的关键。煤焦化技术的应用已有200多年的历史，其炉子的结构形式经历了许多变化。初期炼焦仿造烧木炭的过程采用成堆干馏。18世纪中期，开始演变成砖砌的半封闭式长窑炉。1763年开始采用全封闭式圆窑即蜂窝炉。成堆干馏和窑炉干馏共同的特点是内部加热，即炭化和燃烧在一起，靠燃烧一部分煤和干馏煤气直接加热其余的煤而干馏成焦。19世纪中期，焦炉技术发生转折性变革，从窑炉发展到外部加热的炭化室炼焦阶段，出现倒焰炉。这种焦炉是将成焦的炭化室和加热的燃烧室用墙隔开，在隔墙上部设有通道，炭化室内煤的干馏气经此通道直接流入燃烧室，与来自燃烧室顶部风道的空气混合，自上而下地流动燃烧，这种炉子已经具备了现代焦炉最基本的特征。19世纪70年代建成了回收化学产品的焦炉，使炼焦走向生产多种产品的重要阶段。此后不久，1883年建成了利用烟气废热的蓄热式焦炉，至此，焦炉在总体上基本定型。

现代焦炉炉体由炭化室、燃烧室和蓄热室三个主要部分构成。一般，炭化室宽0.4~0.5m，长10~17m，高4~7.5m，顶部设有加煤孔和煤气上升管（在机侧或焦侧），两端用炉门封闭。燃烧室在炭化室两侧，由许多立火道构成。蓄热室位于炉体下部，分为空气蓄热室和贫煤气蓄热室。现代化焦炉主要部分用硅砖砌筑，火道温度可达到1400℃。成焦时间因炭化室宽度和火道温度不同，一般为13~18h。

炼焦包括常规焦炉、半焦（兰炭）炭化炉、热回收焦炉三种生产工艺。常规焦炉是指炭化室、燃烧室分设，炼焦煤隔绝空气间接加热，干馏成焦炭和荒煤气，并设有煤气净化、化学产品回收的生产装置，按装煤方式分为顶装型焦炉和捣鼓型焦炉。半焦（兰炭）炭化炉（以下简称半焦炉）是指将原料煤中低温干馏成半焦（兰炭）和荒煤气，并设有煤气净化的生产装置，加热方式分为内热式和外热式。热回收焦炉是指焦炉炭化室微负压操作，机械化捣鼓、装煤、出焦，回收利用烟气余热的焦炭生产装置，焦炉结构形式分为立式和卧式。

焦炉如图1-3所示。

图 1-3　焦炉

焦炉机械有装煤车、推焦车、导焦车和熄焦车等。由装煤车把煤装入炭化室，炼成的焦炭用推焦车推出，赤热的焦炭经导焦车落入熄焦车内，经水熄或回收热能的干法熄焦。熄过的焦炭放到焦台上。焦炭经过筛选后作为产品外送。根据实际需求，多地出现了集装煤与推焦功能于一体的装煤推焦车。

装煤推焦车如图 1-4 所示。

图 1-4　装煤推焦车

2. 煤棚及配煤槽

配煤是炼焦煤准备的工序之一，是炼焦或炭化前煤料的一个重要准备过程。即为了生产符合质量要求的焦炭，把不同煤牌号的炼焦用煤按适当的比例配合起来。

炼焦用煤品种较多，应用配煤技术，不仅能保证焦炭质量，还能合理地利用煤炭资源，节约优质炼焦煤，扩大炼焦煤资源。配煤技术涉及煤的多项工艺性质、结焦特性和灰分、硫分、挥发分的配合性质和煤的成焦机理等。长期以来，配煤试验一直是选定配煤方案、验证焦炭质量的不可缺少的配煤技术程序。配煤方法有配煤槽配煤和露天配煤场配煤两种。

露天煤场配煤槽与储配一体煤仓如图1-5所示。

图1-5　露天煤场配煤槽与储配一体煤仓

3. 粉碎机

粉碎机是将大尺寸的固体原料粉碎至要求尺寸的机械。根据被碎料或碎制料的尺寸可将粉碎机区分为粗碎机、中碎机、细磨机、超细磨机。

在粉碎过程中施加于固体的外力有压轧、剪断、冲击、研磨四种。压轧主要用在粗、中碎，适用于硬质料和大块料的破碎；剪断主要用在细碎，适于韧性物料的粉碎；冲击主要用在中碎、细磨、超细磨，适于脆性物料的粉碎；研磨主要用在细磨、超细磨，适于小块及细颗粒的粉碎。

实际的粉碎过程往往是几种外力同时作用。

4. 熄焦塔及熄焦车

湿熄焦技术是直接利用水浇洒在高温红焦上降温的一种方法。熄焦车将高温红焦运至熄焦塔，熄焦塔上方装有几组喷淋水头，直接喷淋降温，产生大量蒸汽，由熄焦塔顶部冒出。

干法熄焦是用循环惰性气体为热载体，由循环风机将冷的循环气体输入红焦冷却室，冷却高温焦炭至250℃以下排出。吸收焦炭热量后的循环热气导入废热锅炉回收热量，产生蒸汽。循环气体冷却、除尘后，再经风机返回冷却室，如此循环冷却红焦。

熄焦车（或干法熄焦装置）接受推出的赤热焦炭，运到熄焦塔内喷水（或运到干法熄焦装置用惰性气体将余热导走发电或补充管网的蒸汽），将赤热焦炭熄灭，然后卸在晾焦台上冷却。

干熄焦与湿熄焦设备如图1-6所示。熄焦车如图1-7所示。

图 1-6 干熄焦与湿熄焦设备

图 1-7 熄焦车

二、备煤工段生产工艺及产排污节点

备煤工段包括受煤、贮煤、配煤、粉碎及运输等工序。

1. 受煤、贮煤

原煤在炼焦之前，需先进行洗选，目的是降低煤中所含的灰分和去除其他杂质。现焦化企业多为直接外购精煤，不涉及洗煤环节。精煤一般用汽车或火车运输。火车一般运至受料坑，受料坑由多个料仓组成，根据来煤种类不同，将煤分别卸至独立料仓中，通过料仓下的圆盘给料机将煤卸至胶带机上送至堆取料机，再由堆取料机将煤卸到露天的堆煤料场或者煤棚。汽车一般直接运输至露天的堆煤料场或者煤棚。

2. 配煤

配煤是将不同性能的煤按照规定的配比进行混合。目的是在保证焦炭质量的前提下，扩大炼焦用煤的使用范围，合理地利用国家资源，并尽可能地多得到一些化工产品。配合后的煤料由带式输送机送往粉碎工序。

3. 粉碎及运输

配好的煤进入粉碎机进行粉碎处理，使粒度满足炼焦生产要求。粉碎后的煤料经带式输送机送至煤塔用于炼焦。有时化产工段产生的焦油渣、硫黄渣、酸焦油、脱硫废液以及酚氰污水处理站污泥送至煤场后配入炼焦煤中。

备煤工段工艺流程及产排污节点示意图如图1-8所示。

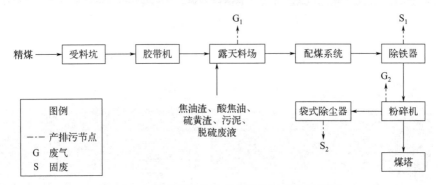

图1-8　备煤工段工艺流程及产排污节点示意图

三、炼焦工段生产工艺及产排污节点

炼焦工段主要包括装煤、干馏（炼焦）、推焦、熄焦、筛焦五个工序，各工序工艺流程如下。

1. 装煤

配好的煤送至煤塔，煤塔中的煤装入煤车。装煤车在煤塔下取煤后，行至需装煤的炭化室顶部，将煤装入焦炉炭化室中。

2. 干馏

炭化室中配合煤隔绝空气后进行加热干馏，在特定的温度下配合煤中胶质在不同的温度下逐步分解，最终形成焦炭。

煤干馏过程中有荒煤气产生，荒煤气经循环氨水降温冷凝，冷凝产物为焦油。煤气、焦油和氨水进入下一工序。焦炉煤气经净化后作为能源燃烧。

3. 推焦

将配合好的煤装入炼焦炉的炭化室，在隔绝空气的条件下通过两侧燃烧室加热干馏，经过一定时间，最后形成焦炭。

4. 熄焦

（1）湿法熄焦

湿法熄焦系统包括熄焦泵房、熄焦塔、熄焦喷洒管、除尘装置、水雾捕集装置、高位槽、粉焦沉淀池、清水池等。湿法熄焦过程需要喷水，分阶段喷水熄灭红焦。红焦经过晾焦冷却后送去晒焦。

（2）干熄焦及发电

利用惰性气体（或废烟气）作为循环气体，在干熄炉中与炽热焦炭换热，将焦炭的温度从1000℃冷却到250℃以下，达到熄焦的目的。吸收了焦炭热量的循环气体将热量传给废热锅炉，以产生中压（或高压）蒸汽，冷却后的惰性气体再由循环风机鼓入干熄炉。干法熄焦技术能够提高焦炭的质量，避免湿法熄焦对环境的污染和回收红焦显热，可起到节能与环保的双重作用。

5. 筛焦

筛焦工段主要是将熄焦后的焦炭按要求筛分成不同粒径，满足用户要求。筛焦工序由焦台、筛焦楼和皮带运输系统组成。筛焦楼内设振动筛，对焦炭进行筛分，筛上物和筛下物分别通过皮带运输至各自的贮焦仓，而后由汽车外运。

炼焦工段工艺流程及产排污节点示意图如图1-9所示。

四、化产工段生产工艺及产排污节点

化产工段主要包括冷凝鼓风、脱硫脱氰、蒸氨、硫铵、洗脱苯等工序，各工序工艺流程如下。

1. 冷凝鼓风

冷凝鼓风工序包括冷却荒煤气、冷却煤气横管、煤气中焦油的去除、分离氨水等过程。通过喷洒氨水将焦炉中的高温荒煤气降温，氨水、焦油以及荒煤气沿集气总管进入气液分离器，分为气、液两相。气相主要为荒煤气，荒煤气通过电捕焦油器除去焦油，然后送至脱硫工序脱硫。液相主要为焦油和氨水，氨水、焦油和焦油渣在氨水澄清槽中分开。分离的氨水分为两部分，一部分仍然送去冷却煤气。另一部分为剩余氨水，该部分氨水通过静置的方式进行分离，

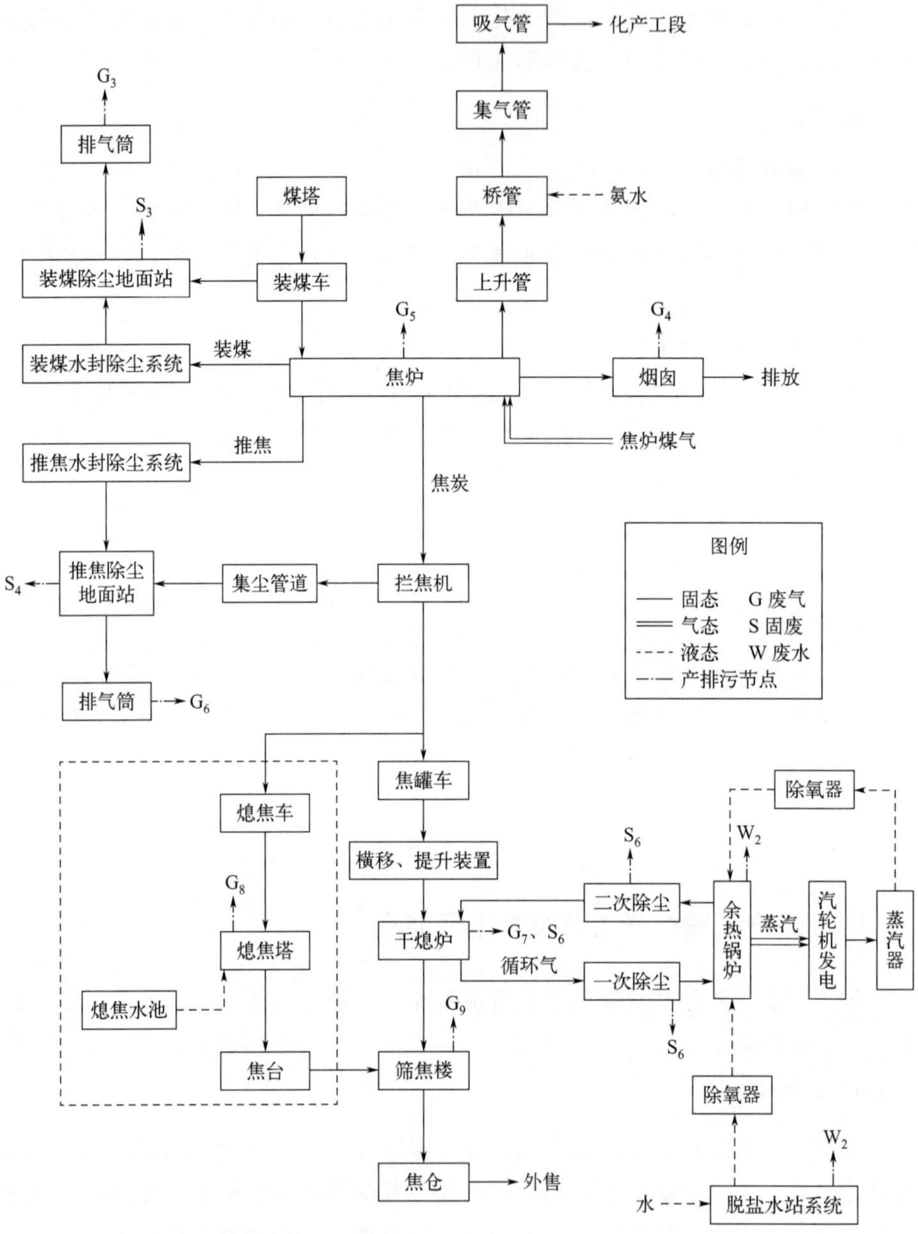

备注：[‐‐]为干熄焦检修时所采用湿熄焦工艺。

图 1-9　炼焦工段工艺流程及产排污节点示意图

分离产物送至蒸氨工序。剩余氨水槽中分离的焦油送至废液收集槽，定期返回机械化氨水澄清槽。氨水澄清产生的焦油进入焦油澄清槽，这样能够去除焦油渣以及少量的氨水。其中分离的少量氨水进入废液收集槽，定期返回机械化氨水澄清槽，分离的焦油作为产品储存在罐区的焦油槽中，焦油渣掺入炼焦煤中重新利用。

煤气通过初冷器冷凝后产生煤气冷凝液，煤气冷凝液部分回用于喷淋冷凝，部分进入氨水澄清槽。经电捕焦油器捕集的焦油、焦油澄清槽分离氨水以及煤气鼓风机冷凝液，均返回机械化氨水澄清槽重新澄清分离。

冷凝鼓风工序工艺流程及产排污节点示意图如图1-10所示。

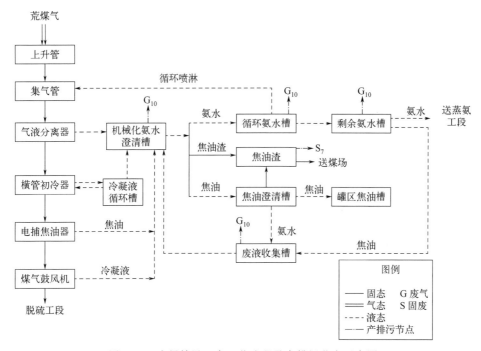

图1-10　冷凝鼓风工序工艺流程及产排污节点示意图

2. 脱硫脱氰（HPF工艺）

本工段包括煤气预冷、脱硫脱氰、脱硫液再生、硫泡沫沉淀分离、硫黄产品的贮存等工艺过程。

（1）煤气预冷

预冷塔和塔顶喷淋的循环冷却水与煤气逆向接触，通过上述工序，煤气温度能够从45℃降至35℃。循环冷却水冷却后通过塔顶喷淋与煤气接触，将煤气温度由35℃降到28℃。

(2) 脱硫脱氰

本工段采用煤气中自身含有的氨为碱源，以 HPF 工艺（以对苯二酚＋PDS＋硫酸亚铁为复合催化剂的湿式液相催化氧化脱硫脱氰工艺）进行脱硫脱氰。焦炉煤气冷却至 28℃后，分别在湍球脱硫塔和填料脱硫塔中与脱硫液逆向接触，煤气中二氧化硫含量下降到 200mg/m³ 以下。煤气中的雾滴通过捕雾工序去除，去除后煤气送至硫铵工序。

在脱硫塔内发生的主要反应如下：

$$NH_3 + H_2O \Longleftrightarrow NH_4OH$$

$$H_2S + NH_4OH \Longleftrightarrow NH_4HS + H_2O$$

$$NH_4OH + HCN \Longleftrightarrow NH_4CN + H_2O$$

$$NH_4OH + CO_2 \Longleftrightarrow NH_4HCO_3$$

$$NH_4HS + NH_4HCO_3 + (x-1)S \Longleftrightarrow (NH_4)_2S_x + CO_2 + H_2O$$

(3) 脱硫液再生

经过脱硫工序的脱硫液含有二氧化硫和氰化氢，需要再生后才能重新使用。脱硫液加入氨水和催化剂后进入再生塔 A。再生的脱硫液循环使用。

来自再生塔 B 的脱硫贫液，先入填料脱硫塔 B 吸收 H_2S 和 HCN，脱硫液经脱硫塔液封槽流至半贫液槽，同样补充浓氨水和催化剂溶液后，经半贫液泵加压后入填料脱硫塔 A 吸收含 H_2S 和 HCN 的脱硫液，经脱硫塔液封槽流至富液槽，泵送至再生塔 B，与空压站送来的压缩空气并流再生后的贫液，从塔上部返回填料脱硫塔 B 顶喷洒脱硫，循环使用。

在再生塔内发生的主要反应如下：

$$NH_4HS + \frac{1}{2}O_2 \Longleftrightarrow S\downarrow + NH_4OH$$

$$(NH_4)_2S_x + \frac{1}{2}O_2 + H_2O \Longleftrightarrow xS\downarrow + 2NH_4OH$$

(4) 硫回收

再生塔内产生的硫泡沫由再生塔顶部扩大部分自流入硫泡沫槽，再由硫泡沫泵加压后送入连续熔硫釜，生产硫黄外售。熔硫釜内分为三层，自上而下依次为清液、硫黄、硫黄渣。其中上层清液进入脱硫清液槽，经泵加压后通过管道送至煤场掺入炼焦煤中利用；中层硫黄排出釜内，经冷却后外售；下层硫黄渣排出冷却后，送入硫黄渣暂存间，定期送煤场掺入炼焦煤中利用。

脱硫工序工艺流程及产排污节点示意图如图 1-11 所示。脱硫塔如图 1-12 所示。

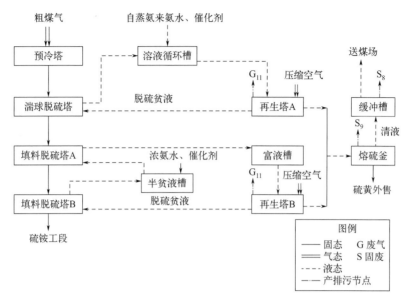

图 1-11 脱硫工序工艺流程及产排污节点示意图

图 1-12 脱硫塔

3. 蒸氨

鼓风工段送来的剩余氨水，首先进入废水换热器，与蒸氨塔底出来的 102~105℃的废液换热，升温至 90℃左右，入管道混合器，与终冷塔送来的稀碱液混合后送入蒸氨塔。剩余氨水从蒸氨塔上部进入，经过泡罩塔盘向下流动，并与自塔底进入的直接蒸汽在塔盘上逆向接触，剩余氨水中的氨被汽提出来，氨蒸汽经上部塔盘和分缩器浓缩后，被送至脱硫预冷塔与煤气汇合。

塔底蒸氨废水经废液泵加压送换热器与剩余氨水换热，被初步降温，再经废水冷却器进一步降温至40℃后，被压送至焦化废水处理站。

蒸氨工序工艺流程及产排污节点示意图如图1-13所示。蒸氨塔如图1-14所示。

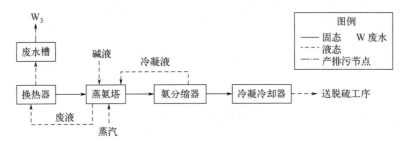

图1-13　蒸氨工序工艺流程及产排污节点示意图

图1-14　蒸氨塔

4. 硫铵

硫铵工序包括煤气中氨的脱除及硫铵的干燥两部分，本工序采用硫酸作为吸附剂，脱除煤气中的氨，生成硫铵并将其干燥后得到硫铵产品。

在硫铵饱和器内发生的主要反应如下：

$$H_2SO_4 + NH_3 \Longrightarrow NH_4HSO_4$$

$$H_2SO_4 + 2NH_3 \Longrightarrow (NH_4)_2SO_4$$

$$NH_4HSO_4 + NH_3 \Longrightarrow (NH_4)_2SO_4$$

硫铵工序工艺流程及产排污节点示意图如图1-15所示。

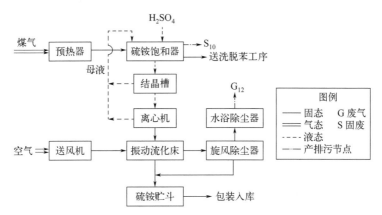

图 1-15　硫铵工序工艺流程及产排污节点示意图

5. 洗脱苯

粗苯工序包括终冷、洗苯和脱苯三个部分。

（1）煤气终冷

来自硫铵工序的 55℃粗煤气首先进入终冷塔。在终冷塔中煤气和循环冷却水逆向接触，温度降至 25℃的煤气被送至洗苯塔处理。

（2）煤气洗苯（脱苯）

在洗苯塔中，贫油从洗苯塔的顶部喷淋，与煤气逆向接触。煤气中的苯被贫油吸附。洗苯工序产生的富油送至粗苯蒸馏工序。煤气经过洗苯后部分送往焦炉、管式炉等，其余送焦炉煤气柜暂存，而后送两套 50MW 焦炉煤气发电系统综合利用。

（3）粗苯蒸馏

富油经处理后进入脱苯塔。经脱苯塔处理后会产生热贫油，经处理后送至终冷洗苯塔，最后产生粗苯。

（4）洗油再生

随着使用时间的增加，洗油质量会下降。因此，洗油需要逐步再生，每次的再生量为管式炉中的 1%～2%。

粗苯工序工艺流程及产排污节点示意图如图 1-16 所示。

由上可知，备煤工段污染物以颗粒物为主，炼焦工段污染物以二氧化硫、氮氧化物、颗粒物为主，化产阶段污染物以挥发性有机物为主，具体的产排污节点及污染物见表 1-1。

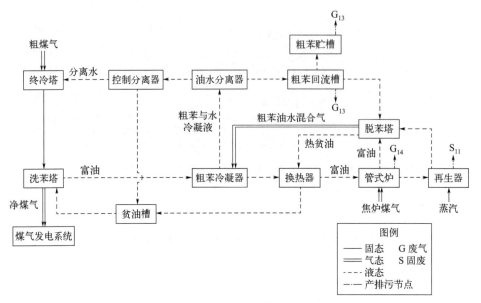

图 1-16 粗苯工序工艺流程及产排污节点示意图

表 1-1 焦化企业主要排放源生产工艺

工艺单元	装置	排放源	主要污染因子	排放方式	生产工艺
备煤工段	煤场	煤场	颗粒物	无组织	常规焦炉、热回收焦炉、半焦(兰炭)炭化炉
	破碎机、通廊、转运站	破碎、筛分、转运	颗粒物	有组织/无组织	
	车辆	运输	颗粒物	无组织	
炼焦工段	焦炉	焦炉烟囱	颗粒物、二氧化硫、氮氧化物、非甲烷总烃、氨(氨法脱硫脱硝设施)	有组织	常规焦炉、热回收焦炉
	焦炉	炉体	颗粒物、挥发性有机物等	无组织	
	焦炉	装煤/机侧炉门废气(炉头烟)	颗粒物、二氧化硫、苯并[a]芘	有组织/无组织	
	焦炉	推焦	颗粒物、二氧化硫	有组织/无组织	
	炭化炉	装煤	颗粒物、二氧化硫、苯并[a]芘等	无组织	半焦(兰炭)炭化炉
	炭化炉	出焦	颗粒物、二氧化硫	无组织	

续表

工艺单元	装置	排放源	主要污染因子	排放方式	生产工艺
炼焦工段	干熄炉	装入装置、预存室放散口、循环风机放散口、排出装置	颗粒物、二氧化硫	有组织/无组织	常规焦炉、热回收焦炉
	湿法熄焦塔	湿法熄焦塔	颗粒物等	无组织	
	焦场	焦场	颗粒物	无组织	常规焦炉、热回收焦炉、半焦（兰炭）炭化炉
	通廊、转运站	筛分、转运	颗粒物	有组织/无组织	
	车辆	运输	颗粒物	无组织	
化产工段	冷鼓、库区	冷鼓、库区焦油各类贮槽	苯并[a]芘、氰化氢、酚类、非甲烷总烃、氨、硫化氢	有组织/无组织	常规焦炉、半焦（兰炭）炭化炉
	脱硫及配套装置	脱硫再生装置	氨、硫化氢	有组织	常规焦炉、半焦（兰炭）炭化炉
	硫铵装置	硫铵结晶干燥	颗粒物、氨	有组织	常规焦炉
	粗苯蒸馏装置	管式炉	颗粒物、二氧化硫、氮氧化物	有组织	常规焦炉
		苯贮槽	苯、非甲烷总烃	有组织/无组织	
	装卸车设施	装卸车设施	挥发性有机物	无组织	常规焦炉、半焦（兰炭）炭化炉
	设备和管线组件	动静密封点	挥发性有机物	无组织	常规焦炉、半焦（兰炭）炭化炉
废水处理	生产废水处理设施	调节池、气浮池、隔油池等	氨、硫化氢、非甲烷总烃	有组织/无组织	常规焦炉、半焦（兰炭）炭化炉

五、焦化行业碳排放分析

1. 不同炼焦过程二氧化碳排放

（1）化产回收型炼焦过程二氧化碳排放

炼焦厂的 CO_2 排放源主要来自焦炉、化产管式炉、蒸汽锅炉等厂内燃烧装置的燃料燃烧，净焦炉煤气中的 CH_4、CO 等组分在燃烧过程中被氧化，转化为 CO_2 排放。焦炉煤气逸散中也会有一定比例的二氧化碳排放，但其在焦炉煤气中的含量仅在1%～3%的水平，所以这部分排放与焦炉煤气作为燃料燃烧产生的二氧化碳排放相比可以忽略不计。

（2）清洁热回收型炼焦过程二氧化碳排放

在热回收型炼焦生产工艺中，除固定在焦炭产品中的碳以及废水排放中的微量碳外，其余的碳全部在炭化室中被氧化为CO_2。热回收型炼焦工艺的碳排放源主要为烟气中的CO_2，占碳输入比例达20%左右，远高于化产回收型炼焦生产工艺[3]。可以预见，热回收型炼焦生产工艺的碳排放水平将远高于化产回收型炼焦工艺，但在衡量炼焦厂的总体温室气体排放水平时，还必须考虑热回收型炼焦工艺利用高温烟气余热发电所抵消掉的间接排放。

2. 炼焦企业温室气体排放来源

（1）按生产过程

① 备煤环节　该生产环节主要是煤的配合和粉碎，没有碳的氧化，主要涉及粉尘。主要温室气体排放是机械操作消耗燃油的直接排放，以及皮带等电力消耗的间接排放。

② 炼焦环节　温室气体排放源主要有两类：一是炼焦生产过程中装煤、推焦过程以及焦炉密封不严所导致的逸散排放，为无组织排放，气体种类包括CH_4和CO_2，以CH_4为主；二是煤气燃烧产生废气经烟囱排空，温室气体以CO_2为主（含微量N_2O），排放是有组织形式（除去事故点火等无组织形式），是炼焦厂最大的温室气体排放源。对于热回收工艺，炭化室是负压操作，逸散排放很少，主要排放源即为焦炉烟囱的CO_2排放。

③ 熄焦环节　湿法熄焦会造成大量废水，废水中的碳多为难降解有机碳，基本不造成温室气体排放。干法熄焦是惰性气体与红焦换热过程，不涉及碳的氧化，主要是电力消耗造成的间接排放；干法熄焦过程回收的余热用来生产热力/电力，可进行排放抵扣。

④ 煤气净化和化产回收环节　该生产工段的脱苯工艺有管式炉燃烧焦炉煤气，产生的CO_2是直接温室气体排放源。另外，此工段消耗大量的电力和蒸汽，是企业主要的温室气体间接排放源。清洁热回收型炼焦工艺不包含此生产环节。

（2）按生产装置

① 蒸汽锅炉等其他燃烧设施　对于自备锅炉的炼焦企业，锅炉燃烧焦炉煤气用来生产蒸汽或发电，其燃烧焦炉煤气产生的CO_2是直接温室气体排放源。

② 余热回收利用装置　对于热回收型炼焦工艺及建有干熄焦、烟气余热回收、化产余热回收等设施的企业，利用余热生产蒸汽或电力，可抵消部分二

次能源消耗导致的间接温室气体排放。

③ 二次能源消耗设施　炼焦生产工艺中所有用电、用蒸汽设备对二次能源的消费均为间接温室气体排放源，余热余能回收利用可对此部分间接排放进行抵扣。

3. 焦化生产碳排放核算方法

焦化生产以炼焦煤为原料，以煤气为燃料，以焦炭为产品，并副产焦炉煤气、煤焦油、粗苯等，能源的投入产出量大，为典型的能源转换产业，其碳排放包括核算边界内化石燃料燃烧产生的二氧化碳排放、炼焦（含熄焦）和烟气脱硫等生产过程的二氧化碳排放、企业购入和输出的电力及热力所对应的二氧化碳排放。

中国炼焦行业协会按照《焦炭单位产品能源消耗限额》（GB 21342）和《兰炭单位产品能源消耗限额》（GB 29995）核算范围，包括煤焦油加工和苯精制，不含煤气深加工，算出目前全国焦化 CO_2 排放量估计为 1.5 亿～1.55 亿 t/a。

（1）核算范围

具体核算应以独立法人企业或视同法人的独立核算单位为企业边界，核算在运营上受其控制的所有生产设施产生的温室气体排放。设施范围包括基本生产系统、辅助生产系统以及直接为生产服务的附属生产系统，其中辅助生产系统包括厂区内的动力、供电、供水、采暖、制冷、机修、化验、仪表、仓库（原料场）、运输等。附属生产系统包括生产指挥管理系统（厂部）以及厂区内为生产服务的部门和单位（如职工食堂、车间浴室等）。

（2）核算环节

① 燃料燃烧 CO_2 排放　企业边界内各种类型的固定燃烧设备（如焦炉燃烧室、锅炉、窑炉、焚烧炉、加热炉、熔炉、发电内燃机等）以及生产用的移动燃烧设备（如厂内运输车辆及搬运设备等）燃烧化石燃料产生的 CO_2 排放。燃料品种除了外购的化石燃料外，还应包括这些燃烧设备所消耗的企业自产或回收的焦炭、焦炉煤气、其他燃气等。

② 工业生产过程 CO_2 排放　常规焦炉（半焦炉）在煤干馏过程产生的荒煤气，通过火炬系统将产生 CO_2 排放，小部分还将通过焦炉放散管以 CO_2、CO、CH_4 和其他碳氢化合物的形式排入大气。鉴于通常没有流量监测，且其中的非 CO_2 气体在大气中经历数日至 10 年左右的时间最终也氧化为 CO_2，因此炼焦过程的工业生产过程排放将通过碳质量平衡法统一核算和报告为 CO_2 排放。此外，报告主体如果对焦化产品进行延伸加工，如煤焦油加工、苯加工

精制，或利用焦炉煤气进一步生产甲醇、合成氨、尿素、液化天然气或压缩天然气（LNG/CNG）等化工产品时，则还需要核算和报告这些工业生产过程的CO_2排放。对热回收焦炉，鉴于煤气在炉内直接燃烧，只有在焦炉事故状态下才可能产生烟气短暂的外泄排放，由于概率极低，由此产生的少量排放，将通过碳质量平衡法一并计算在热回收焦炉内煤气的燃料燃烧产生的CO_2排放中，故不再对炼焦过程计算工业生产过程排放。

③ CO_2回收利用量　包括企业回收燃料燃烧或工业生产过程产生的CO_2作为生产原料自用的部分，以及作为产品外供给其他单位的部分，CO_2回收利用量可从企业总排放量中予以扣除。

④ 净购入电力、热力隐含的CO_2排放　企业净购入的电力和热力所对应的电力或热力生产环节产生的CO_2排放。该部分排放实际发生在电力、热力生产企业。

独立焦化企业温室气体排放核算边界示意图如图 1-17 所示[4]。

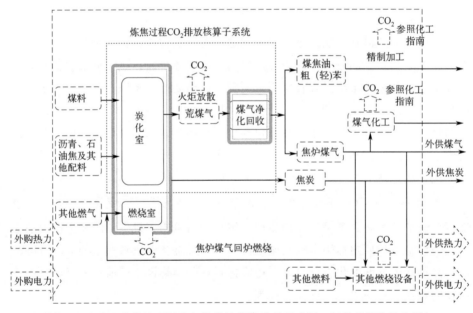

图 1-17　独立焦化企业温室气体排放核算边界示意图（以常规机焦炉为例）

图中未展示企业的辅助生产系统及附属生产系统，其中存在的各类燃烧设备也应纳入核算边界。

具体计算公式见《中国独立焦化企业温室气体排放核算方法与报告指南（试行）》。

第二章

焦化行业绿色低碳诊断方法

本章概述了焦化行业绿色低碳诊断方法学。本章首先阐明了绿色低碳诊断的基本概念以及开展绿色低碳诊断的必要性和意义,并且列举了在绿色诊断过程中涉及的基本方法。其次,本章将绿色低碳诊断的程序详细分解为筹划与组织、现场工作、方案的产生与实施和持续性绿色低碳诊断四个步骤,并对每个步骤所要开展的工作和预期目的进行了系统讲解,为焦化行业绿色低碳诊断工作开展提供了理论依据。

第一节 绿色低碳诊断方法概述

一、绿色低碳诊断的基本概念

绿色低碳发展是与人与自然和谐共生相关的发展理念,是当下工业领域改进提升的重要着力点。党的十七大报告首次提出生态文明建设理念,把建设生态文明作为实现全面建设小康社会的奋斗目标;十八大报告将"生态文明建设"纳入"五位一体"总体布局中,独立成章,强调"绿色发展、循环发展、低碳发展"三大发展理念,并首次提出"建设美丽中国"新目标;在"十四五"规划中,绿色发展不仅独立成章,更明确了工作任务和措施,包括区域层面的环境保护与治理、行业的绿色发展改造和产品的绿色化;2022年,党的二十大将"推动绿色发展,促进人与自然和谐共生"单列一章,提出要推进美丽中国建设,统筹产业结构调整、污染治理、生态保护、应对气候变化,协同推进降碳、减污、扩绿、增长,推进生态优先、节约集约、绿色低碳发展。

绿色低碳发展的提出,引起了人们对传统工业发展模式的深刻反思,如何在可持续发展的前提下促进经济发展,成为工业领域关注的热点问题。基于自身认识的提高和政策的推动,越来越多的企业将绿色低碳发展纳入企业的总体发展规划,然而由于技术水平的限制和数据信息的缺乏,企业往往不清楚自身存在哪些问题,这就需要专业化、系统化的手段准确地找出企业在绿色低碳发展中的问题和改进方向,从而寻求合理的改进方法和措施。

绿色低碳诊断是围绕对企业及其生产过程进行全面评估,找到能耗大、物耗高、污染重的环节,分析问题产生的原因,进而推荐技术、经济及环境可行的绿色低碳技术,并提供综合解决方案的一种方法工具。绿色低碳诊断是通过对企业做出科学、系统的追踪和评价,提出行之有效的可行性方案,使其生产活动对环境影响最小、资源利用效率最高、人体健康与社会危害最小,并使企业经济效益与社会效益协调优化[5]。绿色低碳诊断就是要解决企业在绿色发展中的问题,通过零距离、面对面地对工业企业"把脉问诊"、对症下药,其目的就是推广经过检验并被证明确实有效的绿色低碳技术和管理模式,挖掘企业的绿色化、低碳化提升潜力,促进企业的可持续发展。

二、开展绿色低碳诊断的必要性及意义

1. 开展绿色低碳诊断是实现可持续发展的重要保障

绿色低碳诊断在工业企业发展过程中起到极其重要的作用,绿色低碳发展是工业企业实现可持续发展的关键。因此,寻求和建立一种能客观衡量制造系统总体性能和发展程度的绿色低碳诊断方法具有重大且深远的意义。过去几十年,我国经济快速发展,经济增长与环境、资源矛盾激化,因此实现绿色低碳发展成为我国生态文明建设的重要理念。通过绿色低碳诊断可帮助企业大幅减少资源消耗和废弃物产生,通过努力还可使已经破坏了的生态环境得到缓解和恢复,排除资源匮乏和污染困扰,走可持续发展之路。

2. 开展绿色低碳诊断是企业实现高质量发展的重要手段

绿色低碳诊断作为企业污染预防的战略手段,是对传统的末端治理手段的根本变革,是污染防治的最佳模式。传统的末端治理与生产过程相脱节,即"先污染,后治理;边治理,边污染",立足点是被动的"治"。通过对企业开展绿色低碳诊断可以达到源头削减,实现生产全过程的污染控制,减少乃至消

除污染物的产生，立足点是主动的"防"。传统的末端治理投入多、治理难度大、运行成本高，往往只有环境效益，没有或少有经济效益，企业缺乏治理的积极性。通过绿色低碳诊断可以为企业提出全面的发展方案，最大限度地利用资源，在生产过程之中减少污染物产生，减轻末端治理的难度和压力，不仅可以从根本上改善环境状况，而且能源、原材料和生产成本降低，经济效益提高，能够实现经济与环境"双赢"。

3. 开展绿色低碳诊断是提高企业竞争力的有力途径

全球信息技术、生物技术、新能源、新材料等领域的颠覆性技术不断涌现，各国积极布局应对新一轮产业革命，全球产业版图正在加速重构。从美国的"再工业化"与"制造行业回归"到德国的"工业4.0"，再到日本的"第四次产业革命"，实质上都是帮助本国企业在新一轮产业革命中抢占制高点。面对日趋严峻的全球产业竞争形势，推动高质量发展既是保持中国经济持续健康发展、全面建成小康社会的必然要求，也是国内企业在当前形势下思考自身战略定位和发展道路的根本出发点。绿色低碳发展是对工业技术创新、资源利用、要素配置、生产方式、组织管理、体制机制的一次全面、深刻的变革，工业的高质量发展离不开工业的绿色低碳发展，通过绿色诊断，可以有效提高资源利用效率、减少对环境的负面影响、改善工业的整体技术水平。

绿色低碳发展的本质是在产品全生命周期的各个阶段，通过技术创新及系统优化实现对环境影响最小、资源利用效率最高这两个终极目标，这是一个系统性工程，一方面它提倡通过绿色设计、工艺改进、回收利用等途径，节能降耗、减排增效，从而提升企业技术水平和产品质量，降低生产成本，提高经济效益、社会效益和环境效益；另一方面它也注重提高企业管理水平，提高包括管理人员、工程技术人员、操作工人在内的所有员工的环境意识、参与管理意识、经济观念、技术水平、职业道德等方面的素质。随着人们环境意识的不断增强，环保、绿色的品牌形象成为企业竞争力的核心内容之一。实现经济效益、社会效益和环境效益的统一，提高企业的市场竞争力，是企业的根本要求。

三、绿色低碳诊断方法

绿色低碳诊断是通过深入一线企业进行实地调研、检查，收集诊断焦化企业环境发展问题，通过问题分析、绿色低碳技术比选、专家研讨等方式，为行业、企业提出有针对性的改进方案，并进行多轮复查和持续跟踪评估方案效果，提升焦化行业绿色低碳发展水平。绿色低碳诊断的理论方法包括系统分析方法、对标分析方法和成功案例对照方法，为后续方案的制定和实践提供理论指导。

1. 系统分析方法

系统分析方法是把要解决的问题作为一个系统，对系统进行综合分析，找出可行方案的方法。系统分析方法最早是由美国兰德公司在第二次世界大战结束后提出并加以使用的，源于系统科学，它从系统的着眼点或角度去考察和研究整个客观世界，为人类认识和改造世界提供科学的理论和方法[6]。系统分析方法是诊断和研究的基本方法，通常把一个复杂的咨询或研究项目看成一个系统，通过系统目标分析、系统要素分析、系统环境分析、系统资源分析和系统管理分析，准确地诊断问题，深刻地揭示问题起因，有效地提出解决方案。

系统分析方法的核心内容有两个：一是进行"诊断"，即找出问题及其原因；二是"开处方"，即提出解决问题的最可行方案。系统分析方法是确立绿色生产中的"统筹兼顾、效率优先"理念和方法的思想前提，其把企业效益与社会效益、经济效益和环境效益有机结合起来，把企业发展纳入社会发展的大系统中统筹兼顾，实现了生产和服务过程中废物的最小化产生与排放，将资源利用效率与末端治理统筹起来，并坚持了绿色生产的效率优先和持续推进原则。

围绕尽可能降低资源和原料消耗，实现能源的梯级利用，使用清洁能源或可再生能源，生产过程排放和废物减量化，原料对环境友好及低（无）毒性，车间布局尽可能高效、安全和环保，商品包装减量化及可循环再生等问题，通过对原料、技术工艺、设备、过程控制、管理、员工、产品和废物八大方面进行对标分析和成功案例对照分析，找出改进点，并结合物料、能量、水及污染物平衡分析诊断，查找出可行的绿色改进方案。

2. 对标分析方法

对标分析，又称标杆分析和基准分析，是企业将自己的产品、服务和管理等相关内容和指标，以先进企业作为标杆或与相关基准进行对比分析，从而找出改进方案的诊断和研究方法。对标分析方法是一种系统、科学和规范地分析问题和解决问题的有效方法，是企业不断改进和获得竞争优势的管理方法。在行业绿色低碳发展方面诊断的对标分析，是以污染物的无害化、减量化和资源化为重点，其过程主要包括以下几个基本步骤：确立诊断的对标因素，选择标杆或基准；比较分析企业情况与标杆或基准相关对标因素的差异性；提出并选择可行的绿色改进方案。在实践中，对标分析的重点内容主要有以下几个方面。

（1）淘汰落后工艺和设备方面的对标分析

淘汰落后工艺和设备方面的对标分析是根据国家有关法规对企业在用的工艺和设备进行对照比较，查找可行方案的分析方法。淘汰落后工艺和设备适用的法规主要有：国家发展和改革委员会2019年第29号令《产业结构调整指导目录（2019年本）》、工业和信息化部《高耗能落后机电设备（产品）淘汰目录》（第一批至第四批）。《产业结构调整指导目录（2019年本）》共涉及行业48个，条目1477条，由鼓励、限制和淘汰三类项目组成，其中，鼓励类821条、限制类215条、淘汰类441条。不属于鼓励类、限制类和淘汰类，但符合国家有关法律法规和政策规定的，为允许类。允许类不列入《产业结构调整指导目录（2019年本）》。对鼓励类项目，按照有关规定审批、核准或备案；对限制类项目，禁止新建，现有生产能力允许在一定期限内改造升级；对淘汰类项目，禁止投资，并按规定期限淘汰。

（2）能效指标对标分析

能效指标对标分析是将单位产品能耗、重点工序能耗、单位产品取水量、设备运行效率与国家和地方颁布的能效限额标准进行对比分析，查找可行方案的分析方法。到2020年底，国家颁布的能耗限额标准有110项，涉及火力发电、钢铁、有色金属、建材和石油化工等高耗能行业，能耗限额标准规定了企业单位产品及工序能耗的限定值、新建准入值和先进值。到2020年底，国家颁布了53项取水定额标准，涉及火力发电、钢铁、石油炼制、纺织染整、医药和造纸等高耗水行业，取水定额标准规定了现有企业单位产品取水量的定额指标和新建企业单位产品取水量的定额指标。到2019年底，国家颁布了65项用能产品和设备能效标准，覆盖了变频空调、多联式空调、中小型三相异步电动机、交流接触器、清水离心泵、变压器等产品，规定了产品的能效限值、等级和节能评价值。

（3）清洁生产指标对标分析

清洁生产指标对标分析是将企业清洁生产指标与国家发展和改革委员会、生态环境部颁发的行业清洁生产评价指标体系、行业清洁生产标准进行对标分析，查找可行方案的分析方法[7]。从生产过程上看，"三耗"（物耗、能耗、水耗）与"三废"（废渣、废水、废气）是单位产品资源消耗强度与排放强度的重要指标，其先进程度反映了清洁生产的先进程度。通过清洁生产指标对标分析，查找不足与成因，从而提出可行的绿色改进方案。国家发展和改革委员会陆续发布 45 个行业清洁生产评价指标体系，原环境保护部颁布实施了 58 项行业清洁生产标准（其中 56 项为行业清洁生产标准，2 项为导则）、两批需重点审核的有毒有害物质名录和《重点企业清洁生产行业分类管理名录》，给出了企业在生产过程中三级清洁生产水平的技术指标值：一级为国际清洁生产先进水平值，二级为国内清洁生产先进水平值，三级为国内清洁生产基本水平值。

（4）污染物控制对标分析

污染物控制对标分析是将企业的污染物产生与排放指标与国家和地方的污染物排放标准进行对比分析，确定企业污染物产生与排放的达标程度，进而查找控制污染物产生与排放的可行方案的分析方法。国家污染物排放标准是依法制定并具有强制效力的，是各种环境污染物排放都应遵循的行为规范，体现了国家环保方针、政策、规划，是以环境保护优化经济增长和控制环境污染源排污行为、实施环境准入和准出的重要手段，国家污染物排放标准的实施对推动产业结构调整，促进技术进步具有重要作用。按照国家现行环保法确立的污染物排放标准体系，国家污染物排放（控制）标准包括《恶臭污染物排放标准》《大气污染物综合排放标准》《锅炉大气污染物排放标准》《工业炉窑大气污染物排放标准》《污水综合排放标准》《工业企业厂界环境噪声排放标准》《一般工业固体废物贮存和填埋污染控制标准》以及各行业的污染物排放标准等。

（5）绿色工厂对标分析

绿色工厂对标分析是与工业和信息化部绿色制造体系相关标准（如《绿色工厂评价通则》）进行对标分析，从基本要求、基础设施、管理体系、能源和资源投入、产品、环境排放及绩效七个方面，确定本企业的绿色生产水平，进而查找提升企业绿色化水平改进方案的分析方法。企业绿色工厂对标分析改进的方向包括：挖掘土地利用潜力，节约宝贵的土地资源；加强工厂用地集约化利用，提高工业用地单位土地面积的利用率，减少原料有毒有害物质使用；利用先进的处理技术，减少废物产生和排放，减少对环境的破坏，并由末端治理转为源头预防的方式；采用减少原料消耗的先进技术，注重废物资源化利用处理等功能的工艺技术；应用节能、低碳效果突出的绿色技术和设备。

3. 成功案例对照方法

成功案例对照方法是利用已经实施成功的案例进行对比，提出可行的诊断改进方案的方法。其关键是掌握成功案例及其实现的条件，只有在实现条件基本相同的情况下，才能成功地进行复制。成功案例对照的范本包括国家发展和改革委员会发布的《国家重点节能低碳技术推广目录（2017年本）》、工业和信息化部发布的《国家工业节能技术装备推荐目录（2020）》、2009—2016年工业和信息化部发布的《节能机电设备（产品）推荐目录》（第一批至第七批）、2014年工业和信息化部发布的《大气污染防治重点工业行业清洁生产技术推行方案》、工业和信息化部联合科学技术部发布的《国家鼓励发展的重大环保技术装备目录（2017年版）》、2018年生态环境部发布的《国家先进污染防治技术目录（大气污染防治领域）》、2019年生态环境部发布的《国家先进污染防治技术目录（水污染防治领域）》。

第二节　绿色低碳诊断程序

一、筹划与组织

绿色低碳诊断筹划与组织的具体工作流程如图2-1所示。筹划和组织是开展绿色低碳诊断工作的第一个阶段，本阶段工作的重点是取得企业高层领导的支持和参与，组建清洁生产审核小组，制订诊断工作计划和开展宣传教育与培训。目的是使相关参与方的领导和员工对项目有一个初步的、比较正确的认识，消除思想上和观念上的障碍，了解工作内容、要求及其工作程序，并做好充分准备。

1. 取得领导支持和参与

开展绿色低碳诊断要求签订合同，以明确服务内容，合同中要表明委托方和受委托方的责任、义务、方案服务范围等内容。在明确服务内容后，要取得所在地区相关部门领导和参与企业的支持，以确保诊断工作顺利开展。

地方有关部门（如环保、发改、工信等）相关领导的支持和参与、企业高层领导的支持和参与是顺利开展绿色低碳诊断工作的基础，也是企业通过绿色低碳诊断最终取得实效的关键。绿色低碳诊断遵循的是全过程控制的污染预防原则，决定了绿色低碳诊断是一件综合性很强的工作，涉及企业的各个部门，而且随着工作阶段的变化，参与的部门和人员可能也会变化。因此，只有取得有关部门以及企业高层领导的支持和参与，由高层领导动员并协调企业各个部门和全体职工积极参与，诊断工作才能顺利进行。领导的支持和参与还是诊断工作过程中提出的可行的绿色低碳发展方案得以实施进而切实获得环境效益、

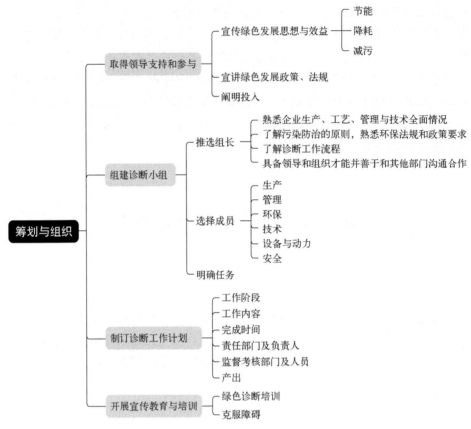

图 2-1　绿色低碳诊断程序——筹划与组织

经济效益和社会效益的关键。

为取得高层领导的支持和参与,必须使高层领导对绿色低碳诊断工作的思想和概念有正确的认识,充分了解清洁绿色低碳诊断工作相关的投入及效益,并对国家绿色低碳相关政策法规要求和激励政策有初步了解。

2. 组建诊断工作小组

计划开展绿色低碳诊断的企业,首先要配合组建一个工作小组,这是顺利开展绿色低碳诊断的组织保证。工作小组包括组长、组员。工作小组组员一般包括企业的管理、技术、财务、生产、质量、设计、节能、安全、环保等方面的负责人,同时依据工作任务要求邀请地方生态环境部门、工信部门、发改部门等相关机构人员以及熟悉行业生产、污染治理、在线监测等领域的专家参加并指导工作开展。

3. 制订绿色低碳诊断工作计划

制订一个详细的工作计划，有助于工作按一定的程序和步骤进行，组织好人力和物力，各负其责，通力合作，工作才会获得满意的效果。编制工作计划表，内容包括绿色低碳诊断过程的所有主要工作，如项目内容、进度、负责人、参与部门、参加人员、各项工作成果等。

4. 开展宣传教育

广泛开展宣传教育活动，争取得到企业各部门和广大员工的支持，尤其是现场生产环节一线工人的积极参与，是绿色低碳诊断工作顺利进行和取得更大成就的必要条件。

宣传方式多样化，利用企业现行的例会、内部局域网、黑板报、宣传栏，也可组织专题研讨会，举办讲座、培训班，开展各种咨询等。宣传教育内容包括企业实施绿色低碳诊断工作的目的和意义，绿色低碳发展的基本知识、内容及要求，企业开展绿色低碳诊断工作的成功案例，绿色低碳发展的障碍及其克服的可能性，开展绿色低碳发展方案实施的各种措施，绿色低碳发展可能或已经产生的效果。

企业开展绿色低碳诊断往往会遇到不少障碍，一般有思想观念障碍、技术障碍、经济障碍和管理障碍。思想观念障碍的表现为认为绿色低碳发展转型太麻烦，需要投入人力物力，很难产生经济效益；技术障碍的表现为缺少可行技术，难以获得生产过程中的准确数据，数据统计分析困难；经济障碍的表现为缺少实施绿色低碳发展方案的资金；管理障碍的表现为部门独立性强、协调困难。针对不同的障碍要采用不同的解决办法，以克服和解决障碍，促进工作的顺利进行。

二、现场工作

绿色低碳诊断现场工作的具体流程如图 2-2 所示。现场工作旨在通过对企业全貌进行调查分析，分析和发现企业环境工作存在的问题与难点，分析企业绿色低碳发展的潜力和机会。现场工作的意义在于确定本次工作的着力点。

1. 现状调研

（1）了解基本情况

在实施绿色低碳诊断的现场工作之前，应开展现状调研了解企业的基本情

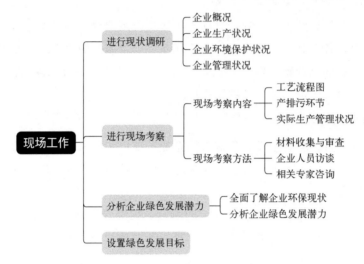

图 2-2　绿色低碳诊断程序——现场工作

况，通过定性和定量分析寻找提升绿色低碳水平的潜力和机会，从而确定本次绿色低碳诊断的重点方向。现状调研主要通过收集资料对整个企业的基本概况、生产状况、能源使用与消耗、环境排放等情况进行摸底调查，为下一步对标评价做准备。

（2）收集相关资料

本阶段应结合所检查焦化企业情况，收集相关资料和信息。主要包括：相关法律法规、规范性文件及各类环保标准；焦化企业的基本信息，包括企业数量、地理位置、基本工艺、生产规模、群众投诉等；焦化企业环境影响评价文件和环评审批文件、"三同时"验收报告、排污申报登记表、排污费核定及缴纳通知书、各级环境保护部门的现场检查历史记录、环境违法问题处理历史记录等。

① 检查资料的完备性　需要检查的资料内容视各检查要点而不同。

② 检查资料内容　与相关法律法规相比较，查找环境违法行为线索及证据。

③ 检查资料的真实性　根据不同资料在时间上和工况上的一致性进行判断。

材料清单主要包括：企业生产工艺介绍及大气污染物产排污节点；企业排污许可证；企业漏点检测与修复（LDAR）报告；企业最新监测报告；企业污染源自动监控设施季度手工比对报告；在线运行设备材料（包括在线备案登记

表、验收资料、运维记录表、故障报告）；企业深度治理方案及近期的环保类整改措施；企业清洁生产审核报告；企业重污染天气应急预案；企业环境影响评价报告及批复；企业竣工验收报告；环保设备的技术协议（包括设备清单、设备参数、性能保证参数、物料消耗参数）。

2. 现场勘察

根据所收集资料在现场对企业生产车间、公用工程设施进行观察，主要检查工艺设备铭牌参数、运行状态等，对可能存在环境违法行为的关键设备、场所、物品，应拍照取证，对污染防治设施运行状态不稳定或关键参数不符合要求的，应即时取样、监测。

现场测算的方法主要包括容积法、便携式仪器测量法、理论估算法。

（1）容积法

容积法是指在耗水点或排水点的敞口处，用固定容积容器在固定时间内盛接液体，再计算出此段时间此工况下的液体流速。

（2）便携式仪器测量法

便携式仪器测量法主要是指使用便携式流量计实测管道内液体的瞬时流量和累计流量；采用噪声测量仪现场测量主要产噪设备及厂界噪声值。

（3）理论估算法

理论估算法是指在不具备容积法和仪器测量法的条件下，根据输送液体泵的额定流量、扬程、管道尺寸，估算出管道内液体可能的最大流速。

3. 现场访谈

（1）与企业内部人员访谈

与车间工人进行随机性的访谈，了解企业生产概况，寻找企业环境违法行为线索，核实企业提供信息的真实性。

（2）与周边居民访谈

走访企业周边居民，核实企业提供信息的真实性，了解企业长期运行过程中是否对附近居民带来废水、废气、噪声、固体废物等方面的污染。对居民提出的意见进行判断筛选后，反馈于检查报告中。

4. 现场检查

现场检查内容一般包括环境管理问题、大气污染问题、废水处理问题、固体废物问题和排放口及自动监测问题排查诊断。需安排各领域专家分批次进驻开展现场工作。

(1) 环境管理问题排查

调研、收集和分析企业环评、批复、排污许可证、排放标准、监测报告、固体废物管理等环境管理现状,结合企业现场状况,分析核对材料,对合规性进行分析,提出公司在管理方面存在的问题,提出相应的整改建议。

(2) 大气污染问题诊断及整治提升

重点排查生产区域工艺涉气污染源包括大有组织排放源、小有组织排放源和无组织排放源;根据企业污染物处理工艺、排放数据及现场检测数据,分析诊断污染物收集及处置设施、在线监测系统存在的问题,并提出相应的建议;对无组织排放点位和治理措施进行分析,提出相应的治理建议。

(3) 废水处理问题诊断及整治提升

排查生产区域工艺涉废水污染防治设施,了解废水主要污染物;根据处理工艺类型,分析处理工艺与污染物处理需求的匹配度;检查废水处理站主要出口水质的达标排放情况;检查熄焦废水沉淀池建设情况;了解熄焦耗水量,了解废水处理站出水去向。

(4) 固体废物问题诊断及整治提升

检查粉焦、除尘收集灰、焦油渣、酸焦油、脱硫废液、粗苯残渣、剩余污泥等各类固体废物处置方式;检查危险废物转移联单,是否有未经利用擅自将危险废物运出厂外的行为;检查焦油渣、酸焦油、脱硫废液、粗苯残渣等危险废物是否有专门的储存容器,容器是否完好无损,储存场所周边是否有渗漏现象。

(5) 排放口和自动监测问题诊断

检查主要污染物排放口的数量和位置、污染物排放方式,分析与企业排污申报登记、环评批复文件的一致性;检查自动监控设施安装、运行、联网情况;检查自动监控设施的定期比对监测及数据有效性审核情况;检查自动监控设施显示的数据是否齐全(至少应包括焦炉烟气排气量、SO_2 浓度、废水排放量及 COD 浓度)、是否能显示历史数据;检查历史浓度数据和曲线,判断日常超标情况和频次,是否存在闲置、私改电路、违规设定参数等现象;烟气自动监控设施还应检查标定仪器的标气是否在有效期内;检查探头位置设置是否规范;检查数据线能否有效连接探头及监控仪器;检查排放浓度、排放量达标情况。

三、方案的产生与实施

在对企业存在的问题进行现场诊断后需通过分析评价制定合理的整改方案并投入实施,具体的工作流程如图 2-3 所示。

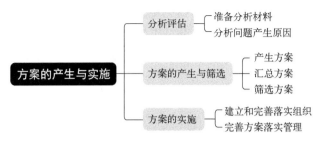

图 2-3　绿色低碳诊断程序——方案的产生与实施

1. 分析评估

分析评估旨在通过分析企业的技术工艺、治污设施，找出废弃物产生的原因，查找物料储运、生产运行、管理以及废弃物排放等方面存在的问题，寻找与国内外先进水平的差距。分析评估工作的重点是分析产生问题的原因，为绿色低碳方案的产生提供依据。

如图 2-4 所示，通过对企业生产过程全流程的问题诊断，应从原辅材料及能源、技术工艺、设备、过程控制、产品、废物处理、管理及员工等方面分析企业在能源和资源消耗以及产污排污方面存在的问题，找出问题产生的原因并提出可行的解决方案。

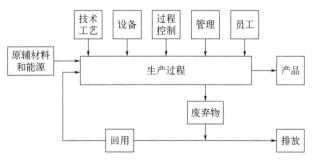

图 2-4　企业生产过程分析示意图

（1）能源和资源消耗情况

① 对比国内外同类企业能源和资源消耗情况　在资料收集调研、现场考察的基础上，对比国内外同类企业的生产、能源和资源消耗及产出等情况，进行列表对照，并对能源和资源消耗情况做出评价。

对比国内外同类企业的先进水平，结合本企业的原料、工艺、产品、设备等实际情况，确定本企业的理论能源和资源消耗情况。

② 分析产生差距的原因　能源消耗参考行业能耗限额标准和取水定额标准，资源消耗参照行业清洁生产标准与清洁生产评价指标体系等要求，与本企

业消耗的各项指标数据相对照，寻找差距。从原料及能源、技术工艺、设备、过程控制、产品、废物处理、管理和员工等影响生产过程的八个方面出发，分析产生差距的原因，并评价在现有条件下企业的能源和资源消耗情况的合理性。

（2）评价产污排污情况

① 对比国内外同类企业产污排污情况　在收集资料调研、现场考察的基础上，对比国内外同类企业的先进水平，结合本企业的原料区能源、技术工艺、产品、设备等实际情况，确定本企业理论产污排污情况。调查汇总企业目前实际产污排污情况。

② 分析产生差距的原因　对比国内外同类企业的先进水平，结合本企业的原料及能源、技术工艺、产品、设备等实际情况，确定本企业的理论产污排污情况。参照行业清洁生产标准与清洁生产评价指标体系等要求，与本企业产污排污的各项指标相对照，寻找差距。从影响生产过程的八个方面出发，对产污排污的理论值与实际情况之间的差距进行初步分析，并评价在现有条件下企业的产污排污情况是否合理。

2. 方案的产生与筛选

（1）产生方案

应广泛采集绿色低碳发展实施方案，主要流程如下。

① 广泛采集，创新思路　在全厂范围内利用各种渠道和多种形式，进行宣传动员，鼓励全体员工提出绿色提升实施方案或合理化建议，并制定奖励措施以鼓励创造性思想和方案的产生。

② 通过平衡分析产生方案　进行物料及能量平衡分析，为绿色提升实施方案的产生提供依据，方案的产生要紧密结合平衡分析结果，只有这样才能使产生的方案具有针对性。

③ 广泛收集国内外同行业的先进技术及成功案例　类比法是一种快捷、有效地产生方案的方法，应组织工程技术人员广泛查阅国家发布的技术目录等资料，收集国内外同行业的先进技术及成功案例，并以此为基础，结合本企业的实际情况，制定绿色提升实施方案。

④ 组织行业专家进行技术咨询　当企业利用自身的力量难以完成某些方案的产生时，可以借助外部力量，组织行业专家进行技术咨询，这对启发思路、畅通信息很有帮助。

⑤ 全面、系统地产生方案　清洁生产涉及企业生产和管理的各个方面，

虽然物料平衡和废物产生原因分析有助于方案的产生，但是在其他方面可能也存在一些清洁生产机会，因此，可从影响生产过程的八个方面全面、系统地产生方案。

  a. 原料及能源替代。

  b. 技术工艺改造。

  c. 设备维护和更新。

  d. 过程控制优化。

  e. 产品更换或改进。

  f. 废物回收利用和循环利用。

  g. 加强管理。

  h. 员工素质的提高及积极性的激励。

（2）筛选方案

实施方案的筛选方法有初步筛选及权重总和计分排序筛选两种。

① 初步筛选 初步筛选是指对已产生的绿色低碳实施方案进行简单的检查和审计，从而分出可行的无费/低费方案、初步可行的中费/高费方案和不可行方案三大类。其中，可行的无费/低费方案可立即实施，初步可行的中费/高费方案需进行下一步研究和进一步筛选，不可行方案则搁置或否定。初步筛选方案时，主要从以下四个方面考虑其可行性。

  a. 技术可行性：技术是否先进，是否在同行业采用过，是否对产品质量有不利影响。

  b. 环境可行性：绿色提升实施方案实施后是否新增对环境有害的污染物的排放量。

  c. 经济可行性：是否降低企业成本，是否降低运行维护费用，是否减少基建投资等。

  d. 可实施性：即实施的难易程度，是否可在较短时间内实施，实施过程中对正常生产和产品质量的影响大小等。

② 权重总和计分排序筛选 该方法适合于初步可行的中费/高费方案的筛选。其权重值可参考如下规定。

  a. 技术可行性：主要考虑技术是否成熟、先进，权重值为 6~8。

  b. 环境可行性：主要考虑是否减少了对环境有害的污染物的排放量及其毒性，是否减少了对工人安全和健康的危害，权重值为 8~10。

  c. 经济可行性：主要考虑费用效益比是否合理，权重值为 7~10。

d. 可实施性：对生产影响小、施工容易、周期短、工人易于接受，权重值为4～6。

e. 对生产和产品的影响：主要考虑是否影响正常生产和产品质量，权重值为5～7。

③ 汇总筛选结果　将方案按不可行方案、可行的无费/低费方案、初步可行的中费/高费方案进行分类，并列表汇总方案的筛选结果。

(3) 实施方案的确定

本阶段的目的是对筛选出来的初步可行的中费/高费方案进行分析和评估，以选择最佳的、可实施的方案。工作重点：在市场调查和收集资料的基础上，进行绿色提升实施方案的技术、环境、经济可行性分析，从中选择技术上先进适用、环境效益明显、经济上合理有利的最优方案实施。可行性分析应按照技术、环境、经济的先后顺序进行，技术可行性分析认为不可行的方案不必进行环境可行性分析，同时，环境可行性分析认为不可行的方案不必进行经济可行性分析。

最佳的绿色低碳发展实施方案是指在技术上先进适用、有明显环境效益，又在经济上合理有利的方案。

3. 方案的实施

绿色低碳发展方案的实施目的是使经可行性分析确定的绿色低碳方案得到实施，企业实现技术进步，获得明显的环境效益和经济效益。通过评估已实施的方案效果，激励企业持续实现绿色低碳发展。

(1) 制订实施计划

企业根据自身的实际情况，统筹安排，制订科学的、切实可行的实施计划，并按计划实施方案。

在实施阶段，企业应根据方案的难易程度，进行实施时间的排序，并量力制订切实可行的实施计划。计划内容包括资金筹措、设备安装与调试、人员培训、原料准备、场地清理准备、试运行和验收。计划的每项内容应明确其实施时间及负责部门与人员。

(2) 实施方案

在企业绿色低碳发展工作小组的主持下按计划实施绿色低碳发展方案，直至方案实施完成。

方案实施完成后进行跟踪分析，总结取得的环境效益和经济效益，以及实施方案的经验，并与实施前进行对比，说明绿色低碳发展方案的效果。

绿色低碳发展实施方案效果的评价主要是技术、环境、经济和综合评价。技术评价主要评价各项技术指标是否达到原设计要求，若没有达到要求，如何改进；环境评价主要通过调研、实测和计算，对比各项环境指标，主要是能耗、水耗指标，以及废水量、废气量、固体废物量等废物产生指标，在方案实施前后的变化；经济评价主要是对比产值、原料费用、能源费用、公共设施费用、水费、污染控制费用、维修费、税金及净利润等经济指标在方案实施前后的变化，以及实际值与设计值的差距；综合评价是在技术、环境、经济评价的基础上，对已实施方案的成功与否进行综合评价。

四、持续性绿色低碳诊断

如图 2-5 所示，在完成单次绿色低碳诊断后，还应关注企业的可持续发展问题，使绿色低碳发展工作在企业内长期、持续地推行下去。要建立和完善企业绿色低碳发展组织机构，完善绿色低碳发展管理制度，制订持续的绿色低碳发展计划和目标，编写企业绿色低碳发展报告。

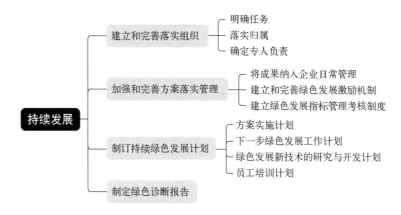

图 2-5　绿色低碳诊断程序——持续性绿色低碳诊断

1. 建立和完善绿色低碳发展组织机构

绿色低碳发展是一个持续的过程，因此，有必要建立一个固定的组织机构来组织和协调这方面工作，以巩固已取得的成果，并使绿色低碳发展工作持续地推行下去。

企业绿色低碳发展组织机构的主要任务如下。

① 组织、协调并监督绿色低碳发展工作提出的实施方案。

② 定期组织对企业员工的绿色低碳发展教育和培训。

③ 选择下一轮现场诊断重点，并定期启动现场诊断工作。
④ 负责绿色低碳诊断工作的日常管理。

2. 完善绿色低碳诊断管理制度

绿色低碳发展管理制度包括诊断成果纳入企业的日常管理轨道，建立激励机制和保证稳定的资金来源。

3. 制订持续的绿色低碳发展计划和目标

制订持续的绿色低碳发展计划和目标，使绿色低碳发展有组织、有计划地在企业中推行下去，工作内容包括制订现场诊断计划、绿色低碳实施方案的实施计划、绿色低碳新技术的研究及开发计划、绿色低碳最新相关法规及标准的收集。

4. 编写绿色低碳诊断报告

编写绿色低碳发展报告的目的是总结绿色低碳发展工作成果，汇总各项调查资料、测试结果，寻找损失原因和提升绿色化低碳化的机会，实施并评估绿色低碳发展实施方案，为企业持续实现绿色低碳发展提供帮助。

第三章

焦化行业绿色低碳政策标准

本章主要介绍了焦化行业绿色低碳政策标准体系。分为焦化行业政策法规和焦化行业标准规范两个板块，旨在为促进焦化行业实现绿色低碳高质量发展提供政策引导。政策法规板块包括焦化行业法律法规、焦化行业政策要求和焦化行业产业规划三个方面，详细介绍了政策法规在促进焦化行业绿色低碳发展方面的主旨和内容；标准规范板块包括国家标准规范和行业标准规范两个方面，各类标准规范的内容主要集中在焦化行业污染物排放、能源、基础设施和管理等方面的指标和基准值设定。

第一节 焦化行业政策法规

一、焦化行业法律法规

1.《中华人民共和国清洁生产促进法》(主席令第五十四号)

《中华人民共和国清洁生产促进法》由全国人民代表大会常务委员会于2012年2月29日修改通过，并自2012年7月1日起施行，用于促进清洁生产，提高资源利用效率，减少和避免污染物的产生，保护和改善环境，保障人体健康，促进经济与社会可持续发展。其中，适用于焦化行业的主要内容如下。

第十二条 国家对浪费资源和严重污染环境的落后生产技术、工艺、设备和产品实行限期淘汰制度。国务院有关部门按照职责分工，制定并发布限期淘汰的生产技术、工艺、设备以及产品的名录。

第十八条　新建、改建和扩建项目应当进行环境影响评价，对原料使用、资源消耗、资源综合利用以及污染物产生与处置等进行分析论证，优先采用资源利用率高以及污染物产生量少的清洁生产技术、工艺和设备。

第十九条　企业在进行技术改造过程中，应当采取以下清洁生产措施：

（1）采用无毒、无害或者低毒、低害的原料，替代毒性大、危害严重的原料；

（2）采用资源利用率高、污染物产生量少的工艺和设备，替代资源利用率低、污染物产生量多的工艺和设备；

（3）对生产过程中产生的废物、废水和余热等进行综合利用或者循环使用；

（4）采用能够达到国家或者地方规定的污染物排放标准和污染物排放总量控制指标的污染防治技术。

2.《中华人民共和国环境保护法》（主席令第九号）

《中华人民共和国环境保护法》由中华人民共和国第十二届全国人民代表大会常务委员会第八次会议于2014年4月24日修订通过，自2015年1月1日起施行，该法目的是为保护和改善环境，防治污染和其他公害，保障公众健康，推进生态文明建设，促进经济社会可持续发展。其中，适用于焦化行业的主要内容如下。

第四十条　国家促进清洁生产和资源循环利用。

国务院有关部门和地方各级人民政府应当采取措施，推广清洁能源的生产和使用。企业应当优先使用清洁能源，采用资源利用率高、污染物排放量少的工艺、设备以及废弃物综合利用技术和污染物无害化处理技术，减少污染物的产生。

第四十一条　建设项目中防治污染的设施，应当与主体工程同时设计、同时施工、同时投产使用。防治污染的设施应当符合经批准的环境影响评价文件的要求，不得擅自拆除或者闲置。

第四十二条　排放污染物的企业事业单位和其他生产经营者，应当采取措施，防治在生产建设或者其他活动中产生的废气、废水、废渣、医疗废物、粉尘、恶臭气体、放射性物质以及噪声、振动、光辐射、电磁辐射等对环境的污染和危害。排放污染物的企业事业单位，应当建立环境保护责任制度，明确单位负责人和相关人员的责任。重点排污单位应当按照国家有关规定和监测规范安装使用监测设备,保证监测设备正常运行,保存原始监测记录。严禁通过暗管、渗井、渗坑、灌注或者篡改、伪造监测数据,或者不正常运行防治污染设施等逃避监管的方式违法排放污染物。

第四十三条 排放污染物的企业事业单位和其他生产经营者,应当按照国家有关规定缴纳排污费。排污费应当全部专项用于环境污染防治,任何单位和个人不得截留、挤占或者挪作他用。依照法律规定征收环境保护税的,不再征收排污费。

第四十四条 国家实行重点污染物排放总量控制制度。重点污染物排放总量控制指标由国务院下达,省、自治区、直辖市人民政府分解落实。企业事业单位在执行国家和地方污染物排放标准的同时,应当遵守分解落实到本单位的重点污染物排放总量控制指标。对超过国家重点污染物排放总量控制指标或者未完成国家确定的环境质量目标的地区,省级以上人民政府环境保护主管部门应当暂停审批其新增重点污染物排放总量的建设项目环境影响评价文件。

第四十五条 国家依照法律规定实行排污许可管理制度。

实行排污许可管理的企业事业单位和其他生产经营者应当按照排污许可证的要求排放污染物;未取得排污许可证的,不得排放污染物。

第四十六条 国家对严重污染环境的工艺、设备和产品实行淘汰制度。任何单位和个人不得生产、销售或者转移、使用严重污染环境的工艺、设备和产品。禁止引进不符合我国环境保护规定的技术、设备、材料和产品。

3.《中华人民共和国固体废物污染环境防治法》(主席令第57号)

《中华人民共和国固体废物污染环境防治法》于1995年10月30日由第八届全国人民代表大会常务委员会第十六次会议通过,2020年4月29日由第十三届全国人民代表大会常务委员会第十七次会议第二次修订。该法旨在保护和改善生态环境,防治固体废物污染环境,保障公众健康,维护生态安全,推进生态文明建设,促进经济社会可持续发展。其中,焦化行业应当遵循的主要内容如下。

第三十六条 产生工业固体废物的单位应当建立健全工业固体废物产生、收集、贮存、运输、利用、处置全过程的污染环境防治责任制度,建立工业固体废物管理台账,如实记录产生工业固体废物的种类、数量、流向、贮存、利用、处置等信息,实现工业固体废物可追溯、可查询,并采取防治工业固体废物污染环境的措施。禁止向生活垃圾收集设施中投放工业固体废物。

第三十七条 产生工业固体废物的单位委托他人运输、利用、处置工业固体废物的,应当对受托方的主体资格和技术能力进行核实,依法签订书面合同，在合同中约定污染防治要求。受托方运输、利用、处置工业固体废物，应当依照有关法律法规的规定和合同约定履行污染防治要求，并将运输、利用、处置情况告知产生工业固体废物的单位。产生工业固体废物的单位违反本条第一款规定的，除依照有关法律法规的规定予以处罚外，还应当与造成环境污染和生态破坏的受托方承担连带责任。

第三十八条 产生工业固体废物的单位应当依法实施清洁生产审核，合理选择和利用原材料、能源和其他资源，采用先进的生产工艺和设备，减少工业固体废物的产生量，降低工业固体废物的危害性。

第三十九条 产生工业固体废物的单位应当取得排污许可证。排污许可的具体办法和实施步骤由国务院规定。产生工业固体废物的单位应当向所在地生态环境主管部门提供工业固体废物的种类、数量、流向、贮存、利用、处置等有关资料，以及减少工业固体废物产生、促进综合利用的具体措施，并执行排污许可管理制度的相关规定。

第四十条 产生工业固体废物的单位应当根据经济、技术条件对工业固体废物加以利用；对暂时不利用或者不能利用的，应当按照国务院生态环境等主管部门的规定建设贮存设施、场所，安全分类存放，或者采取无害化处置措施。贮存工业固体废物应当采取符合国家环境保护标准的防护措施。建设工业固体废物贮存、处置的设施、场所，应当符合国家环境保护标准。

第四十一条 产生工业固体废物的单位终止的，应当在终止前对工业固体废物的贮存、处置的设施、场所采取污染防治措施，并对未处置的工业固体废物作出妥善处置，防止污染环境。产生工业固体废物的单位发生变更的，变更后的单位应当按照国家有关环境保护的规定对未处置的工业固体废物及其贮存、处置的设施、场所进行安全处置或者采取有效措施保证该设施、场所安全运行。变更前当事人对工业固体废物及其贮存、处置的设施、场所的污染防治责任另有约定的，从其约定；但是，不得免除当事人的污染防治义务。对 2005 年 4 月 1 日前已经终止的单位未处置的工业固体废物及其贮存、处置的设施、场所进行安全处置的费用，由有关人民政府承担；但是，该单位享有的土地使用权依法转让的，应当由土地使用权受让人承担处置费用。当事人另有约定的，从其约定；但是，不得免除当事人的污染防治义务。

4.《中华人民共和国水污染防治法》(主席令第 70 号)

《中华人民共和国水污染防治法》于 1984 年 5 月 11 日由第六届全国人民代表大会常务委员会第五次会议通过，2017 年 6 月 27 日由第十二届全国人民代表大会常务委员会第二十八次会议第二次修正，自 2018 年 1 月 1 日起施行。

该法宗旨是防治水污染，保护和改善环境，保障饮用水安全，促进经济社会全面协调可持续发展。其中，涉及焦化行业的相关内容如下。

第四十七条　国家禁止新建不符合国家产业政策的小型造纸、制革、印染、染料、炼焦、炼硫、炼砷、炼汞、炼油、电镀、农药、石棉、水泥、玻璃、钢铁、火电以及其他严重污染水环境的生产项目。

第八十七条　违反本法规定，建设不符合国家产业政策的小型造纸、制革、印染、染料、炼焦、炼硫、炼砷、炼汞、炼油、电镀、农药、石棉、水泥、玻璃、钢铁、火电以及其他严重污染水环境的生产项目的，由所在地的市、县人民政府责令关闭。

5.《中华人民共和国大气污染防治法》（主席令第 57 号）

《中华人民共和国大气污染防治法》于 1987 年 9 月 5 日由第六届全国人民代表大会常务委员会第二十二次会议通过，2015 年 8 月 29 日由第十二届全国人民代表大会常务委员会第十六次会议第二次修订，并自 2016 年 1 月 1 日起正式实施。该法主旨为保护和改善环境，防治大气污染，保障公众健康，推进生态文明建设，促进经济社会可持续发展。其中与焦化行业有关的内容如下。

第四十三条　钢铁、建材、有色金属、石油、化工等企业生产过程中排放粉尘、硫化物和氮氧化物的，应当采用清洁生产工艺，配套建设除尘、脱硫、脱硝等装置，或者采取技术改造等其他控制大气污染物排放的措施。

第四十四条　生产、进口、销售和使用含挥发性有机物的原材料和产品的，其挥发性有机物含量应当符合质量标准或者要求。国家鼓励生产、进口、销售和使用低毒、低挥发性有机溶剂。

第四十五条　产生含挥发性有机物废气的生产和服务活动，应当在密闭空间或者设备中进行，并按照规定安装、使用污染防治设施；无法密闭的，应当采取措施减少废气排放。

第四十七条　石油、化工以及其他生产和使用有机溶剂的企业，应当采取措施对管道、设备进行日常维护、维修，减少物料泄漏，对泄漏的物料应当及时收集处理。储油储气库、加油加气站、原油成品油码头、原油成品油运输船舶和油罐车、气罐车等，应当按照国家有关规定安装油气回收装置并保持正常使用。

第四十八条　钢铁、建材、有色金属、石油、化工、制药、矿产开采等企业，应当加强精细化管理，采取集中收集处理等措施，严格控制粉尘和气态污染物的排放。工业生产企业应当采取密闭、围挡、遮盖、清扫、洒水等措施，减少内部物料的堆存、传输、装卸等环节产生的粉尘和气态污染物的排放。

第四十九条　工业生产、垃圾填埋或者其他活动产生的可燃性气体应当回收利用，不具备回收利用条件的，应当进行污染防治处理。可燃性气体回收利用装置不能正常作业的，应当及时修复或者更新。在回收利用装置不能正常作业期间确需排放可燃性气体的，应当将排放的可燃性气体充分燃烧或者采取其他控制大气污染物排放的措施，并向当地环境保护主管部门报告，按照要求限期修复或者更新。

6.《中华人民共和国节约能源法》（主席令第 16 号）

《中华人民共和国节约能源法》于 1997 年 11 月 1 日由第八届全国人民代表大会常务委员会第二十八次会议通过，2018 年 10 月 26 日由第十三届全国人民代表大会常务委员会第六次会议《关于修改〈中华人民共和国野生动物保护法〉等十五部法律的决定》第二次修正。该法旨在推动全社会节约能源，提高能源利用效率，保护和改善环境，促进经济社会全面协调可持续发展。其中有关焦化行业的主要内容如下。

第二十九条　国务院和省、自治区、直辖市人民政府推进能源资源优化开发利用和合理配置，推进有利于节能的行业结构调整，优化用能结构和企业布局。

第三十条　国务院管理节能工作的部门会同国务院有关部门制定电力、钢铁、有色金属、建材、石油加工、化工、煤炭等主要耗能行业的节能技术政策，推动企业节能技术改造。

第三十一条　国家鼓励工业企业采用高效、节能的电动机、锅炉、窑炉、风机、泵类等设备，采用热电联产、余热余压利用、洁净煤以及先进的用能监测和控制等技术。

二、焦化行业政策要求

1.《关于"十四五"推动石化化工行业高质量发展的指导意见》（工信部联原［2022］34 号）[8]

为贯彻落实《中华人民共和国国民经济和社会发展第十四个五年规划和2035 年远景目标纲要》（以下简称《纲要》），推动石化化工行业高质量发展，工业和信息化部、国家发展改革委、科技部、生态环境部、应急部、国家能源局联合编制《意见》。其中与焦化行业绿色低碳高质量发展有关的内容如下。

提升创新发展水平。实施"三品"行动，增加材料品种规格，加快发展高端化工新材料产品，积极布局前沿化工新材料，提高绿色化工产品占比，鼓励企业培育创建品牌。

推动产业结构调整。一是强化分类施策，科学调控石油化工、煤化工等传统化工行业产业规模，有序推进炼化项目"降油增化"，促进煤化工产业高端化、多元化、低碳化发展。二是动态更新石化化工行业鼓励推广应用的技术和产品目录，加快先进适用技术改造提升，优化烯烃、芳烃原料结构，加快煤制化学品、煤制油气向高附加值产品延伸，提高技术水平和竞争力。

优化调整产业布局。一是统筹项目布局，推进新建石化化工项目向资源环境优势基地集中，推动现代煤化工产业示范区转型升级。持续推进城镇人口密集区危险化学品生产企业搬迁改造。二是引导化工项目进区入园，推动化工园区规范发展。新建危险化学品生产项目必须进入一般或较低安全风险的化工园区（与其他行业生产装置配套建设的项目除外），引导其他石化化工项目在化工园区发展。

推进产业数字化转型。一是加快新技术、新模式与石化化工行业融合，不断增强化工过程数据获取能力，强化全过程一体化管控，推进数字孪生创新应用，打造3~5家面向行业的特色专业型工业互联网平台及化肥、轮胎等基于工业互联网的产业链监测系统。二是发布石化化工行业智能制造标准体系建设指南，推进数字化车间、智能工厂、智慧园区等示范标杆引领，强化工业互联网赋能。

加快绿色低碳发展。一是发挥碳固定碳消纳优势，有序推动石化化工行业重点领域节能降碳，推进炼化、煤化工与"绿电""绿氢"等产业耦合以及二氧化碳规模化捕集、封存、驱油和制化学品等示范。二是发展清洁生产，构建全生命周期绿色制造体系。

2.《煤炭工业"十四五"高质量发展指导意见》（中煤协会政研〔2021〕19号）[9]

为深入贯彻落实新发展理念和能源安全新战略，加快建设清洁低碳、安全高效的现代煤炭工业体系，为我国如期实现碳达峰、碳中和战略目标奠定基础，推动形成高质量发展新格局，中国煤炭工业协会组织编制了《煤炭工业"十四五"高质量发展指导意见》。其中与焦化行业相关的内容如下。

推动煤炭绿色低碳发展。探索研究煤炭原料化材料化低碳发展路径，打通煤油气、化工和新材料产业链，推动煤炭由燃料向燃料与原料并重转变。建立健全行业低碳发展推进机制，促进煤炭生产和消费方式绿色低碳转型。

3.《工业领域碳达峰实施方案》（工信部联节〔2022〕88号）[10]

为深入贯彻落实党中央、国务院关于碳达峰碳中和决策部署，加快推进工业绿色低碳转型,切实做好工业领域碳达峰工作,根据《中共中央 国务院关于完整准确全面贯彻新发展理念做好碳达峰碳中和工作的意见》和《2030年前碳达峰行动方案》,结合相关规划,工业和信息化部等三部委联合制定《工业领域碳达峰实施方案》。方案中与焦化行业绿色低碳发展相关的内容如下。

(1) 深度调整产业结构

坚决遏制高耗能高排放低水平项目盲目发展。采取强有力措施,对高耗能高排放低水平项目实行清单管理、分类处置、动态监控。严把高耗能高排放低水平项目准入关,加强固定资产投资项目节能审查、环境影响评价,对项目用能和碳排放情况进行综合评价,严格项目审批、备案和核准。全面排查在建项目,对不符合要求的高耗能高排放低水平项目按有关规定停工整改。科学评估拟建项目,对产能已饱和的行业要按照"减量替代"原则压减产能,对产能尚未饱和的行业要按照国家布局和审批备案等要求对标国内领先、国际先进水平提高准入标准(国家发展改革委、工业和信息化部、生态环境部等按职责分工负责)。

推动产业低碳协同示范。强化能源、钢铁、石化化工、建材、有色金属、纺织、造纸等行业耦合发展,推动产业循环链接,实施钢化联产、炼化一体化、林浆纸一体化、林板一体化。加强产业链跨地区协同布局,减少中间产品物流量。鼓励龙头企业联合上下游企业、行业间企业开展协同降碳行动,构建企业首尾相连、互为供需、互联互通的产业链。建设一批"产业协同""以化固碳"示范项目(国家发展改革委、工业和信息化部、国务院国资委、国家能源局、国家林草局等按职责分工负责)。

(2) 深入推进节能降碳

把节能提效作为满足能源消费增长的最优先来源,大幅提升重点行业能源利用效率和重点产品能效水平,推进用能低碳化、智慧化、系统化。

调整优化用能结构。重点控制化石能源消费,有序推进钢铁、建材、石化化工、有色金属等行业煤炭减量替代,稳妥有序发展现代煤化工,促进煤炭分质分级高效清洁利用。有序引导天然气消费,合理引导工业用气和化工原料用气增长。推进氢能制储输运销用全链条发展。鼓励企业、园区就近利用清洁能源,支持具备条件的企业开展"光伏+储能"等自备电厂、自备电源建设(国家发展改革委、工业和信息化部、生态环境部、国家能源局等按职责分工负责)。

加快实施节能降碳改造升级。落实能源消费强度和总量双控制度,实施工业节能改造工程。聚焦钢铁、建材、石化化工、有色金属等重点行业,完善差别电价、阶梯电价等绿色电价政策，鼓励企业对标能耗限额标准先进值或国际先进水平，加快节能技术创新与推广应用。推动制造业主要产品工艺升级与节能技术改造，不断提升工业产品能效水平。在钢铁、石化化工等行业实施能效"领跑者"行动（国家发展改革委、工业和信息化部、市场监管总局等按职责分工负责）。

（3）积极推行绿色制造

完善绿色制造体系，深入推进清洁生产，打造绿色低碳工厂、绿色低碳工业园区、绿色低碳供应链，通过典型示范带动生产模式绿色转型。

全面提升清洁生产水平。深入开展清洁生产审核和评价认证，推动钢铁、建材、石化化工、有色金属、印染、造纸、化学原料药、电镀、农副食品加工、工业涂装、包装印刷等行业企业实施节能、节水、节材、减污、降碳等系统性清洁生产改造。清洁生产审核和评价认证结果作为差异化政策制定和实施的重要依据（国家发展改革委、工业和信息化部、生态环境部等按职责分工负责）。

（4）加快工业绿色低碳技术变革

推进重大低碳技术、工艺、装备创新突破和改造应用，以技术工艺革新、生产流程再造促进工业减碳去碳。

加大绿色低碳技术推广力度。发布工业重大低碳技术目录，组织制定技术推广方案和供需对接指南，促进先进适用的工业绿色低碳新技术、新工艺、新设备、新材料推广应用。以水泥、钢铁、石化化工、电解铝等行业为重点，聚焦低碳原料替代、短流程制造等关键技术，推进生产制造工艺革新和设备改造，减少工业过程温室气体排放。鼓励各地区、各行业探索绿色低碳技术推广新机制（国家发展改革委、科技部、工业和信息化部、生态环境部等按职责分工负责）。

开展重点行业升级改造示范。围绕钢铁、建材、石化化工、有色金属、机械、轻工、纺织等行业，实施生产工艺深度脱碳、工业流程再造、电气化改造、二氧化碳回收循环利用等技术示范工程。鼓励中央企业、大型企业集团发挥引领作用，加大在绿色低碳技术创新应用上的投资力度，形成一批可复制可推广的技术经验和行业方案。以企业技术改造投资指南为依托，聚焦绿色低碳编制升级改造导向计划（国家发展改革委、科技部、工业和信息化部、生态环境部、国务院国资委、国家能源局等按职责分工负责）。

4.《焦化行业碳达峰碳中和行动方案》[11]

2022年8月，中国炼焦行业协会发布《焦化行业碳达峰碳中和行动方案》

(以下简称《方案》),提出焦化行业2025年前实现碳达峰。《方案》中与焦化行业绿色低碳发展相关的内容如下。

(1) 焦化行业碳达峰碳中和目标

① 第一步:2025年实现碳达峰,国务院《"十四五"节能减排综合工作方案》要求:京津冀及周边、长三角地区煤炭消费分别下降10%和5%左右,汾渭平原煤炭消费实现负增长。工业和信息化部、国家发展和改革委员会、生态环境部《关于促进钢铁工业高质量发展的指导意见》要求钢铁行业确保2030年前碳达峰。《钢铁行业碳达峰及降碳行动方案》明确钢铁行业确保2025年前碳达峰。《焦化行业"十四五"发展规划纲要》提出:到2025年焦化废水产生量减少30%,氮氧化物和二氧化硫产生量分别减少20%;能源管控中心普及率达到50%以上;全流程信息化管控系统应用达到50%以上,智能制造在焦化行业有所突破;以及重点区域企业超低排放改造、提高节能降耗效率水平等措施。根据以上发展要求和发展趋势,焦化行业2025年前实现碳达峰。

② 第二步:2035年力争减碳30%,通过采取有效的技术与管理措施,到2035年具备减碳30%的能力。

③ 第三步:2060年前实现碳中和。

(2) 焦化行业碳减排路径

① 焦炭产能、产量减少 随着废钢消费量明显增加、氢冶金技术广泛应用,钢铁及相关行业焦炭需求会减少,焦炭产量将逐步下降。

② 焦化生产 焦化生产自身减碳路径包括:

a. 极限节能及能效提升。焦化企业要在生产经营全流程、全方位推广应用先进节能降耗技术,不断提升焦化工艺装备水平;加快推进数字经济在焦化智能生产过程的应用步伐;健全完善能效评估及能源管控体系,提升能源合理配置和使用效率。

b. 能源替代。利用低碳燃料炼焦;研发富氧燃烧技术;逐步推广分布式光伏及清洁能源的应用。

c. 再生资源的协同处置。

③ 焦化产品 从全生命周期角度,研发支撑低碳冶金的新焦化产品,实现碳减排,主要路径有:

a. 能源原材料替代。开发富氢高炉所需高强度高反应性焦炭。

b. 工艺改造。向氢冶金(气基直接还原、富氢高炉)规模化供应低成本、低碳富氢还原气或氢气，向化工行业提供合成气，向新能源行业提供高纯氢气。

④ 碳捕集与利用　积极推进二氧化碳捕集与利用技术（CCU）的产业化、规模化，钢化联产固碳技术的推广应用。

(3) 焦化行业碳达峰碳中和行动措施

① 严控焦化新增产能　认真执行国家和地方政府产业政策，严格控制新增焦炭产能，引导低效产能有序退出。

② 协同攻关节能降碳技术　统筹近远期"双碳"规划目标，推动建立产学研用各类创新主体协同互动和人才、资金、平台、机制等创新要素高效配置的创新生态圈，提升行业绿色低碳原创技术的持续研发能力；利用智能制造技术、数字经济的快速发展，加快提升产业关键技术的攻关突破能力；加强信息沟通，积极关注行业降碳新工艺、新技术、新装备、新材料研发应用动态；持续跟踪相关行业减碳技术进展，以利借鉴参考。

③ 强化基础体系建设　优化工艺流程结构，全面实施能源管控，积极推动行业绿色低碳超低排放改造升级。健全完善焦化企业能源、碳排放等基础数据的计量、监测和统计，严格实施能源利用状况报告和评估制度。强化低碳发展规划引领，推进低碳技术标准制定，鼓励企业积极参与碳排放市场交易。

④ 加强与政府沟通协调　关注并落实各级政府"双碳"目标要求，积极争取政策支持特别是财政金融支持，加大产业结构升级和技术创新投入，推动行业绿色低碳转型。

⑤ 凝聚行业力量　充分发挥中国炼焦行业协会专家委员会和各专业委员会，以及国家级、省级、市级技术中心、实验室的作用，共享创新资源，加强行业共性技术的应用研究，焦化生产企业要主动参与绿色低碳技术研发的工业试验，积极培育低碳示范企业，形成对行业降碳的引领、促进作用。焦化行业低碳发展合作联盟办公室，应及时收集和发布国内外有关低碳发展的相关技术和装备的开发应用信息、成功示范案例，避免信息不对称而造成资源的投入浪费。

⑥ 加强人才队伍培养建设　积极参加国家、地方政府、行业协会及专业机构组织的"双碳"专题研讨、人员培训等活动，建立一支不同层次的专业技术与管理人才和高素质的岗位操作人员队伍，有效支撑全行业降碳技术的研发攻关质量和项目运行管理水平。

5.《工业炉窑大气污染综合治理方案》(环大气〔2019〕56号)[12]

《工业炉窑大气污染综合治理方案》（以下简称《方案》）提出，到2020

年,完善工业炉窑大气污染综合治理管理体系,推进工业炉窑全面达标排放,京津冀及周边地区、长三角地区、汾渭平原等大气污染防治重点区域工业炉窑装备和污染治理水平明显提高,实现工业行业二氧化硫、氮氧化物、颗粒物等污染物排放进一步下降,促进钢铁、建材等重点行业二氧化碳排放总量得到有效控制,推动环境空气质量持续改善和产业高质量发展。《方案》中与焦化行业绿色低碳发展相关的内容如下。

(1) 重点任务

加大产业结构调整力度。严格建设项目环境准入。新建涉工业炉窑的建设项目,原则上要入园区,配套建设高效环保治理设施。重点区域严格控制涉工业炉窑建设项目,严禁新增钢铁、焦化、电解铝、铸造、水泥和平板玻璃等产能;严格执行钢铁、水泥、平板玻璃等行业产能置换实施办法;原则上禁止新建燃料类煤气发生炉(园区现有企业统一建设的清洁煤制气中心除外)。

加大落后产能和不达标工业炉窑淘汰力度。分行业清理《产业结构调整指导目录》淘汰类工业炉窑。天津、河北、山西、江苏、山东等地要按时完成各地已出台的钢铁、焦化、化工等行业产业结构调整任务。鼓励各地制定更加严格的环保标准,进一步促进产业结构调整。对热效率低下、敞开未封闭,装备简易落后、自动化程度低,无组织排放突出,以及无治理设施或治理设施工艺落后等严重污染环境的工业炉窑,依法责令停业关闭。

实施污染深度治理。推进工业炉窑全面达标排放。已有行业排放标准的工业炉窑,严格执行行业排放标准相关规定,配套建设高效脱硫脱硝除尘设施,确保稳定达标排放。已制定更严格地方排放标准的,按地方标准执行。重点区域钢铁、水泥、焦化、石化、化工、有色等行业,二氧化硫、氮氧化物、颗粒物、挥发性有机物(VOCs)排放全面执行大气污染物特别排放限值。已核发排污许可证的,应严格执行许可要求。

暂未制定行业排放标准的工业炉窑,包括铸造,日用玻璃,玻璃纤维、耐火材料、石灰、矿物棉等建材行业,钨、工业硅、金属冶炼废渣(灰)二次提取等有色金属行业,氮肥、电石、无机磷、活性炭等化工行业,应参照相关行业已出台的标准,全面加大污染治理力度,铸造行业烧结、高炉工序污染排放控制按照钢铁行业相关标准要求执行;重点区域原则上按照颗粒物、二氧化硫、氮氧化物排放限值分别不高于 $30mg/m^3$、$200mg/m^3$、$300mg/m^3$ 实施改造,其中,日用玻璃、玻璃棉氮氧化物排放限值不高于 $400mg/m^3$;已制定更严格地方排放标准的地区,执行地方排放标准。

全面加强无组织排放管理。严格控制工业炉窑生产工艺过程及相关物料储存、输送等无组织排放，在保障生产安全的前提下，采取密闭、封闭等有效措施，有效提高废气收集率，产尘点及车间不得有可见烟粉尘外逸。生产工艺产尘点（装置）应采取密闭、封闭或设置集气罩等措施。煤粉、粉煤灰、石灰、除尘灰、脱硫灰等粉状物料应密闭或封闭储存，采用密闭皮带、封闭通廊、管状带式输送机或密闭车厢、真空罐车、气力输送等方式输送。粒状、块状物料应采用入棚、入仓或建设防风抑尘网等方式进行储存，粒状物料采用密闭、封闭等方式输送。物料输送过程中产尘点应采取有效抑尘措施。

推进重点行业污染深度治理。落实《关于推进实施钢铁行业超低排放的意见》，加快推进钢铁行业超低排放改造。积极推进电解铝、平板玻璃、水泥、焦化等行业污染治理升级改造。重点区域内电解铝企业全面推进烟气脱硫设施建设；全面加大热残极冷却过程无组织排放治理力度，建设封闭高效的烟气收集系统，实现残极冷却烟气有效处理。重点区域内平板玻璃、建筑陶瓷企业应逐步取消脱硫脱硝烟气旁路或设置备用脱硫脱硝等设施，鼓励水泥企业实施全流程污染深度治理。推进具备条件的焦化企业实施干熄焦改造，在保证安全生产前提下，对重点区域城市建成区内焦炉实施炉体加罩封闭，并对废气进行收集处理。

加大煤气发生炉 VOCs 治理力度。酚水系统应封闭，产生的废气应收集处理，鼓励送至煤气发生炉鼓风机入口进行再利用；酚水应送至煤气发生炉处置，或回收酚、氨后深度处理，或送至水煤浆炉进行焚烧等。禁止含酚废水直接作为煤气水封水、冲渣水。氮肥等行业采用固定床间歇式煤气化炉的，加快推进煤气冷却由直接水洗改为间接冷却；其他区域采用直接水洗冷却方式的，造气循环水集输、储存、处理系统应封闭，收集的废气送至三废炉处理。吹风气、弛放气应全部收集利用。

(2) 政策措施

建立健全监测监控体系。加强重点污染源自动监控体系建设。排气口高度超过 45m 的高架源，纳入重点排污单位名录，督促企业安装烟气排放自动监控设施。钢铁、焦化、水泥、平板玻璃、陶瓷、氮肥、有色金属冶炼、再生有色金属等行业，严格按照排污许可管理规定安装和运行自动监控设施。加快其他行业工业炉窑大气污染物排放自动监控设施建设，重点区域内冲天炉、玻璃熔窑、以煤和煤矸石为燃料的砖瓦烧结窑、耐火材料焙烧窑（电窑除外）、炭素焙（煅）烧炉（窑）、石灰窑、铬盐焙烧窑、磷化工焙烧窑、铁合金矿热炉和精炼炉等，原则上应纳入重点排污单位名录，安装自动监控设施。具备条件的企业，应通过分布式控制系统（DCS）等，自动连续记录工业炉窑环保设施运行及相关生产过程主要参数。推进焦炉炉体等关键环节安装视频监控系统。自动监控、DCS 监控等数据至少要保存一年，视频监控数据至少要保存三个月。

强化监测数据质量控制。自动监控设施应与生态环境主管部门联网。加强自动监控设施运营维护，数据传输有效率达到 90%。企业在正常生产以及限产、停产、检修等非正常工况下，均应保证自动监控设施正常运行并联网传输数据。各地对出现数据缺失、长时间掉线等异常情况，要及时进行核实和调查处理。严厉打击篡改、伪造监测数据等行为，对监测机构运行维护不到位及篡改、伪造、干扰监测数据的，排污单位弄虚作假的，依法严格处罚，追究责任。

实施差异化管理。综合考虑企业生产工艺、燃料类型、污染治理设施运行效果、无组织排放管控水平以及大宗物料运输方式等，树立行业标杆，引导产业转型升级。在重污染天气应对、环境执法检查、经济政策制定等方面，对标杆企业予以支持，对治污设施简易、无组织排放管控不力的企业，加大联合惩戒力度。

强化重污染天气应对。各地应将涉工业炉窑企业全面纳入重污染天气应急减排清单，做到全覆盖。针对工业炉窑等主要排放工序，采取切实有效的应急减排措施，落实到具体生产线和设备。根据污染排放绩效水平，实行差异化应急减排管理。重点区域内钢铁、建材、焦化、有色、化工等涉大宗货物运输企业，应制定应急运输响应方案，原则上不允许柴油货车在重污染天气预警响应期间进出厂区（保证安全生产运行、运输民生保障物资或特殊需求产品的国五及以上排放标准车辆除外）。

三、焦化行业产业规划

1.《产业结构调整指导目录（2019 年本）》（中华人民共和国国家发展和改革委员会令第 29 号）[13]

《产业结构调整指导目录（2019 年本）》已经 2019 年 8 月 27 日第 2 次委务会议审议通过，自 2020 年 1 月 1 日起施行。其中与焦化行业相关的内容如下。

（1）鼓励类

焦炉加热精准控制、焦炉烟气脱硫脱硝副产物资源化利用、脱硫废液资源化利用、焦化废水深度处理回用、煤焦油碳基材料、煤沥青制针状焦、焦炉煤气高附加值利用、荒煤气和循环氨水等余热回收、低阶粉煤干燥成型-干馏一体化等先进技术的研发和应用、综合污水深度处理回用、冷轧废水深度处理回用、烧结烟气脱硫废水处理回用等技术研发和应用。焦炉、高炉、热风炉用长寿节能环保耐火材料生产工艺；精炼钢用低碳、无碳耐火材料、保温材料和高效连铸用功能环保性耐火材料生产工艺。

（2）限制类

钢铁联合企业未同步配套建设干熄焦、装煤、推焦除尘装置的炼焦项目；独立焦化企业未同步配套建设装煤、推焦除尘装置的炼焦项目。顶装焦炉炭化室高度＜6.0m、捣固焦炉炭化室高度＜5.5m，100万t/a以下焦化项目；热回收焦炉捣固煤饼体积＜35m³，企业生产能力＜100万t/a（铸造焦＜60万t/a）焦化项目；半焦炉单炉生产能力＜10万t/a，企业生产能力＜100万t/a焦化项目。

（3）淘汰类

土法炼焦（含改良焦炉）；单炉产能7.5万t/a以下或无煤气、焦油回收利用和污水处理达不到焦化行业准入条件的半焦（兰炭）生产装置。炭化室高度小于4.3m焦炉（3.8m及以上捣固焦炉除外）；未配套干熄焦装置的钢铁企业焦炉。

2.《焦化行业规范条件》(中华人民共和国工业和信息化部公告2020年第28号)[14]

为进一步加快焦化行业转型升级，促进焦化行业技术进步，提升资源综合利用率和节能环保水平，推动焦化行业高质量发展，根据国家有关法律法规和产业政策，工业和信息化部制定了《焦化行业规范条件》，其中主要与焦化行业绿色低碳相关的内容如下。

（1）环境保护

① 环保设施　焦化生产企业应同步配套煤（焦）储存、煤粉碎（筛分）、装煤、推焦、（干）熄焦、筛焦、焦转运、硫铵干燥等抑尘、除尘设施。干熄焦、焦炉烟囱等产生二氧化硫、氮氧化物的污染源，要按照环保要求配套脱硫或脱硫脱硝装置。

焦化生产企业须配套建设废水处理设施。常规焦炉企业应按照《焦化废水治理工程技术规范》（HJ 2022），配套建设初期雨水收集装置、酚氰生产废水处理设施和事故储槽（池）。半焦（兰炭）企业氨水循环水池、焦油分离池应建在地面以上，配套建设事故储槽（池）及初期雨水收集装置，生产废水处理采用焚烧或其他有效处理方法。

焦化生产企业逸散挥发性有机物和恶臭的生产装置应同步建设尾气净化处理设施。

焦化生产企业煤气鼓风机、循环氨水泵等应有保安电路。焦炉煤气事故放散应设有自动点火装置。

规范排污口建设。焦化生产企业主要污染源须按照环境保护主管部门相关规定设置污染物排放在线监测、监控装置，并与环境保护主管部门联网。

② 环境管理　焦化项目应严格执行《中华人民共和国环境影响评价法》，建设项目的环境影响评价文件须经审核批准，环境保护设施必须与主体工程同时设计、同时施工、同时投产使用，并完成环境保护竣工验收手续。

按照环境保护法律、法规、标准要求，建立健全企业环境保护管理制度。

焦化生产企业应严格执行污染物排放国家和地方标准，做到达标排放。两年内未发生重大环境污染事故或重大生态破坏事件。焦化生产企业大气污染物和水污染物排放执行《炼焦化学工业污染物排放标准》（GB 16171）；固体废物污染控制须符合《一般工业固体废物贮存、处置场污染控制标准》（GB 18599）要求［《一般工业固体废物贮存、处置场污染控制标准》（GB 18599），于2020年更新为《一般工业固体废物贮存和填埋污染控制标准（GB 18599）》］；危险废物污染控制须符合《危险废物贮存污染控制标准》（GB 18597）的规定；噪声排放须符合《工业企业厂界环境噪声排放标准》（GB 12348）的要求。

焦化生产企业须持有排污许可证。企业污染物排放总量不得超过环保部门核定的总量控制指标。有污染物减排任务的企业，须落实减排措施，满足减排指标要求。

焦化生产企业须按照环保部门要求，接受环保监测，定期形成监测报告。

鼓励焦化生产企业建立系统化和规范化的环境管理体系并有效运行。

(2) 能源消耗和资源综合利用

焦化生产企业须具备健全的能源管理体系，按照《用能单位能源计量器具配备和管理通则》（GB 17167）配备必要的能源计量器具。有条件的企业应建立能源管理中心，提升信息化水平和能源利用效率，推进能源梯级高效利用。鼓励企业开展清洁生产审核及技术改造，不断提升清洁生产水平。

焦化生产企业能耗符合《焦炭单位产品能源消耗限额》（GB 21342）和《兰炭单位产品能源消耗限额》（GB 29995）的规定。

焦化生产企业应注重资源综合利用，提高各种资源的循环利用率。常规焦炉及半焦炉企业吨焦耗新水$\leqslant 2.4 m^3$，热回收焦炉吨焦耗新水$\leqslant 1.2 m^3$。

3.《焦化行业"十四五"发展规划纲要》(中焦协〔2021〕1号)[1]

为全面贯彻落实党的十九届五中全会精神和《中共中央关于制定国民经济和社会发展第十四个五年规划和二〇三五年远景目标的建议》提出的有关要求，深化焦化行业供给侧结构性改革，加快推动焦化行业高质量发展，中国炼焦行业协会发布了《焦化行业"十四五"发展规划纲要》，其中主要与焦化行业绿色低碳相关的内容如下。

(1) 总体要求

2017年12月18日，习近平总书记在中央经济工作会议上的讲话指出：推动高质量发展是当前和今后一个时期确定发展思路、制定经济政策、实施宏观调控的根本要求，必须加快形成推动高质量发展的指标体系、政策体系、标准体系、统计体系、绩效评价、政绩考核，创建和完善制度环境，推动我国经济在实现高质量发展上不断取得新进展。焦化行业在"十四五"期间，要以全局观念、全球视野、开放的胸怀，扎扎实实推动高质量发展。"十四五"期间焦化行业发展的基本原则和方向如下所述。

认真贯彻《中共中央关于制定国民经济和社会发展第十四个五年规划和二〇三五年远景目标的建议》精神，牢固树立"创新、协调、绿色、开放、共享"五大发展理念。转变发展方式，提升创新能力，提高全要素生产效率。

深化供给侧结构性改革。结合环境治理化解过剩产能，优化产业布局和产业结构；积极推动行业资产整合，通过企业兼并重组，提高产业集中度，加强集约化发展；建立与相关产业相互融合的新业态，利用现有装备和产能，发挥焦炉的干馏分质功能和能源转换效率高的优势，开拓焦炭、焦炉煤气、煤焦油深加工产品应用的新领域，实现与现代煤化工、冶金、化肥、石化、建材等行业的深度产业融合。建立焦化生产企业与上下游企业战略合作机制，真正形成煤焦钢企业利益共同体，实现互利共赢发展。

转换增长动力，依靠创新推进产业转型升级发展。抓住新一轮科技革命和产业变革机遇，有效地激发生产要素的内生动力，推进企业安全、环保和综合效益再上新台阶。以全流程系统优化为抓手，以科技创新、商业模式创新补齐焦化行业高效运行的短板，通过焦化示范企业引领，全面提升行业科学化、规范化、标准化管理水平，提高可持续发展能力。

进一步加强行业关键技术、工艺、装备研发和推广应用。有效降低能耗、物耗、水耗和污染物排放量，重点是提高余热回收利用、水循环利用、固体废物资源化利用效率，更加注重源头控制、过程管理和末端治理的有机结合。适应高炉大型化，加强高炉用焦特质研究、炼焦用煤研究，尤其要从可持续发展角度研究焦炭质量提高对炼焦煤资源的需求等问题。充分发挥中国炼焦行业协会专家委员会和各专业委员会的协调指导作用，以及国家级、省级、市级技术中心、实验室、示范企业的行业引领作用、示范作用，坚持产学研相结合的创新机制，切实解决行业企业生存发展中的关键技术及配套装备难题。

推进安全生产标准化建设。要始终坚持安全生产工作应当以人为本，坚持安全发展，坚持安全第一、预防为主、综合治理的方针，明确安全生产的重要地位、主体任务和实现安全生产的根本途径。要把安全生产规范化管理责任、标准化作业责任落实到生产经营的每一个环节、每一个岗位。要进一步健全完善安全生产的规章制度，建立有效的突发事件应急救援预案并定期培训演练。切实做到杜绝重大特大人身伤亡和设备事故的发生，避免和降低一般事故，尤其是重复性事故发生，全面提升安全生产管理水平。

持续推进"两化"融合。开发焦化工艺流程信息化与智能化技术，提高智能制造水平；推广自动化、信息化管控技术在焦化行业生产组织与经营管理中的应用，并及时总结先进技术成果和先进管理经验，求真务实，提高投入产出效果。

以先进标准促进企业实现高质量发展。推进《焦化示范企业评价规范》在更多焦化企业实施；制定并执行《焦化工艺技术规程》等系列团体标准，标准要有前瞻性，充分参考吸收国际上先进的管理理念，使之达到先进、适用、科学、规范的要求。使新的《焦化工艺技术规程》，成为焦化行业相关人员适用的工作指南。加快人才队伍建设。培养企业改革创新、转型升级急需的不同层次专业技术与管理人才和高素质的岗位操作人员队伍，打造一支技术业务素质高、具有共同核心价值观、强大凝聚力的和谐团队。

（2）主要目标

规范行业管理，促进产业升级，焦化生产企业全部达到《焦化行业规范条件》要求。

根据各地区产业布局优化调整规划，进一步化解过剩产能，提高工艺流程和技术装备水平，通过产能置换、股权置换、产权流转和合资合作等方式实施并购重组，大幅提高产业集中度，实现强强联合、高效集约化发展。

持全流程系统优化理念，开展清洁生产，源头控制污染物产生，到2025年焦化废水产生量减少30%，氮氧化物和二氧化硫产生量分别减少20%；优化固体废物处理工艺，固体废物资源化利用率提高10%以上。

推进安全生产标准化建设，争取到2025年通过二级安全生产标准化审核验收焦化企业达到50％以上。

完善能源管控体系，建设能源管控中心，力争到2025年能源管控中心普及率达到50％以上。

提高行业信息化管理水平，全流程信息化管控系统应用达到50％以上，智能制造在焦化行业有所突破。

4.《"十四五"工业绿色发展规划》（工信部规〔2021〕178号）[15]

为深入贯彻落实《中华人民共和国国民经济和社会发展第十四个五年规划和2035年远景目标纲要》，系统谋划未来五年工业绿色发展，工业和信息化部在开展专题研究、现场调研、专家论证，积极吸纳各行业、各地方和相关部门意见建议的基础上，编制形成了《"十四五"工业绿色发展规划》。规划中与焦化行业相关的主要内容如下。

(1) 实施工业领域碳达峰行动

加强工业领域碳达峰顶层设计，提出工业整体和重点行业碳达峰路线图、时间表，明确实施路径，推进各行业落实碳达峰目标任务、实行梯次达峰。

制定工业碳达峰路线图。深入落实《2030年前碳达峰行动方案》，制定工业领域和钢铁、石化化工、有色金属、建材等重点行业碳达峰实施方案，统筹谋划碳达峰路线图和时间表。强化标准、统计、核算和信息系统建设，提升降碳基础能力。结合不同行业技术现状和发展趋势，力争有条件的行业率先实现碳达峰。

明确工业降碳实施路径。基于流程型、离散型制造的不同特点，明确钢铁、石化化工、有色金属、建材等行业的主要碳排放生产工序或子行业，提出降碳和碳达峰实施路径。推动煤炭等化石能源清洁高效利用，提高可再生能源应用比重。加快氢能技术创新和基础设施建设，推动氢能多元利用。支持企业实施燃料替代，加快推进工业煤改电、煤改气。对以煤、石油焦、渣油、重油等为燃料的锅炉和工业窑炉，采用清洁低碳能源替代。通过流程降碳、工艺降碳、原料替代，实现生产过程降碳。发展绿色低碳材料，推动产品全生命周期减碳。探索低成本二氧化碳捕集、资源化转化利用、封存等主动降碳路径。

(2) 推进产业结构高端化转型

加快推进产业结构调整，坚决遏制"两高"项目盲目发展，依法依规推动落后产能退出，发展战略性新兴产业、高技术产业，持续优化重点区域、流域产业布局，全面推进产业绿色低碳转型。

推动传统行业绿色低碳发展。加快钢铁、有色金属、石化化工、建材、纺织、轻工、机械等行业实施绿色化升级改造，推进城镇人口密集区危险化学品生产企业搬迁改造。落实能耗"双控"目标和碳排放强度控制要求，推动重化工业减量化、集约化、绿色化发展。对于市场已饱和的"两高"项目，主要产品设计能效水平要对标行业能耗限额先进值或国际先进水平。严格执行钢铁、水泥、平板玻璃、电解铝等行业产能置换政策，严控尿素、磷铵、电石、烧碱、黄磷等行业新增产能，新建项目应实施产能等量或减量置换。强化环保、能耗、水耗等要素约束，依法依规推动落后产能退出。

专栏1　重点区域绿色转型升级工程

黄河流域。按照以水定产原则，严控煤化工、有色金属、钢铁等行业盲目扩张。引导新型煤化工产业与石化化工、钢铁、建材等产业耦合发展。推动钢铁、煤化工等行业水资源循环利用，充分利用市政污水和再生水等。

（3）加快能源消费低碳化转型

着力提高能源利用效率，构建清洁、高效、低碳的工业用能结构，将节能、降碳、增效作为控制工业领域二氧化碳排放的关键措施，持续提升能源消费低碳化水平。

提升清洁能源消费比重。鼓励氢能、生物燃料、垃圾衍生燃料等替代能源在钢铁、水泥、化工等行业的应用。严格控制钢铁、煤化工、水泥等主要用煤行业煤炭消费，鼓励有条件地区新建、改扩建项目实行用煤减量替代。提升工业终端用能电气化水平，在具备条件的行业和地区加快推广应用电窑炉、电锅炉、电动力设备。鼓励工厂、园区开展工业绿色低碳微电网建设，发展屋顶光伏、分散式风电、多元储能、高效热泵等，推进多能高效互补利用。

（4）推动生产过程清洁化转型

强化源头减量、过程控制和末端高效治理相结合的系统减污理念，大力推行绿色设计，引领增量企业高起点打造更清洁的生产方式，推动存量企业持续实施清洁生产技术改造，引导企业主动提升清洁生产水平。

升级改造末端治理设施。在重点行业推广先进适用环保治理装备，推动形成稳定、高效的治理能力。在大气污染防治领域，聚焦烟气排放量大、成分复杂、治理难度大的重点行业，开展多污染物协同治理应用示范。深入推进钢铁行业超低排放改造，稳步实施水泥、焦化等行业超低排放改造。加快推进有机废气（VOCs）回收和处理，鼓励选取低耗高效组合工艺进行治理。在水污染防治重点领域，聚焦涉重金属、高盐、高有机物等高难度废水，开展深度高效治理应用示范，逐步提升印染、造纸、化学原料药、煤化工、有色金属等行业废水治理水平。

专栏 2　重点行业清洁生产改造工程

钢铁行业。实施焦炉煤气精脱硫、高比例球团冶炼、焦化负压蒸馏、焦化全流程优化等技术和装备改造。到 2025 年，完成 5.3 亿吨钢铁产能超低排放改造、4.6 亿吨焦化产能清洁生产改造。

第二节　焦化行业标准规范

一、国家标准规范

1.《炼焦化学工业污染物排放标准》（GB 16171—2012）[16]

《炼焦化学工业污染物排放标准》规定了炼焦化学工业企业水污染物和大气污染物排放限值、监测和监控要求，以及标准的实施与监督等相关规定。该标准适用于现有和新建焦炉生产过程备煤、炼焦、煤气净化、炼焦化学产品回收和热能利用等工序水污染物和大气污染物的排放管理，以及炼焦化学工业企业建设项目的环境影响评价、环境保护设施设计、竣工环境保护验收及其投产后的水污染物和大气污染物的排放管理。其中与焦化行业绿色低碳发展相关的内容如下。

（1）水污染物排放控制要求

自 2012 年 10 月 1 日至 2014 年 12 月 31 日止，现有企业执行表 3-1 规定的水污染物排放限值。

自 2015 年 1 月 1 日起，现有企业执行表 3-2 规定的水污染物排放限值。

自 2012 年 10 月 1 日起，新建企业执行表 3-2 规定的水污染物排放限值。

根据环境保护工作的要求，在国土开发密度较高、环境承载能力开始减弱，或水环境容量较小、生态环境脆弱，容易发生严重水环境污染问题而需要采取特别保护措施的地区，应严格控制企业的污染物排放行为，在上述地区的企业执行表 3-3 规定的水污染物特别排放限值。执行水污染物特别排放限值的地域范围、时间，由国务院环境保护行政主管部门或省级人民政府规定。

表 3-1　现有企业水污染物排放浓度限值及单位产品基准排水量

序号	污染物项目	限值		污染物排放监控位置
		直接排放	间接排放	
1	pH 值	6～9	6～9	独立焦化企业废水总排放口或钢铁联合企业焦化分厂废水排放口
2	悬浮物/(mg/L)	70	70	
3	化学需氧量 COD_{Cr}/(mg/L)	100	150	
4	氨氮/(mg/L)	15	25	
5	五日生化需氧量 BOD_5/(mg/L)	25	30	
6	总氮/(mg/L)	30	50	
7	总磷/(mg/L)	1.5	3.0	
8	石油类/(mg/L)	5.0	5.0	
9	挥发酚/(mg/L)	0.50	0.50	
10	硫化物/(mg/L)	1.0	1.0	
11	苯/(mg/L)	0.10	0.10	
12	氰化物/(mg/L)	0.20	0.20	
13	多环芳烃 PAHs/(mg/L)	0.05	0.05	车间或生产设施废水排放口
14	苯并[a]芘/(μg/L)	0.03	0.03	
单位产品基准排水量/(m³/t)		1.0		排水量计量位置与污染物排放监控位置相同

表 3-2　新建企业水污染物排放浓度限值及单位产品基准排水量

序号	污染物项目	限值		污染物排放监控位置
		直接排放	间接排放	
1	pH 值	6～9	6～9	独立焦化企业废水总排放口或钢铁联合企业焦化分厂废水排放口
2	悬浮物/(mg/L)	50	70	
3	化学需氧量 COD_{Cr}/(mg/L)	80	150	
4	氨氮/(mg/L)	10	25	
5	五日生化需氧量 BOD_5/(mg/L)	20	30	
6	总氮/(mg/L)	20	50	
7	总磷/(mg/L)	1.0	3.0	
8	石油类/(mg/L)	2.5	2.5	
9	挥发酚/(mg/L)	0.30	0.30	
10	硫化物/(mg/L)	0.50	0.50	
11	苯/(mg/L)	0.10	0.10	
12	氰化物/(mg/L)	0.20	0.20	
13	多环芳烃 PAHs/(mg/L)	0.05	0.05	车间或生产设施废水排放口
14	苯并[a]芘/(μg/L)	0.03	0.03	
单位产品基准排水量/(m³/t)		0.40		排水量计量位置与污染物排放监控位置相同

表 3-3 水污染物特别排放限值

序号	污染物项目	限值 直接排放	限值 间接排放	污染物排放监控位置
1	pH 值	6~9	6~9	独立焦化企业废水总排放口或钢铁联合企业焦化分厂废水排放口
2	悬浮物/(mg/L)	25	50	
3	化学需氧量 COD_{Cr}/(mg/L)	40	80	
4	氨氮/(mg/L)	5.0	10	
5	五日生化需氧量 BOD_5/(mg/L)	10	20	
6	总氮/(mg/L)	10	25	
7	总磷/(mg/L)	0.5	1.0	
8	石油类/(mg/L)	1.0	1.0	
9	挥发酚/(mg/L)	0.10	0.10	
10	硫化物/(mg/L)	0.20	0.20	
11	苯/(mg/L)	0.10	0.10	
12	氰化物/(mg/L)	0.20	0.20	
13	多环芳烃 PAHs/(mg/L)	0.05	0.05	车间或生产设施废水排放口
14	苯并[a]芘/(μg/L)	0.03	0.03	
单位产品基准排水量/(m³/t)		0.30		排水量计量位置与污染物排放监控位置相同

焦化生产废水经处理后用于洗煤、熄焦和高炉冲渣等的水质，其 pH、SS、COD_{Cr}、氨氮、挥发酚及氰化物应满足表 3-1 中相应的间接排放限值要求。水污染物排放浓度限值适用于单位产品实际排水量不大于单位产品基准排水量的情况。若单位产品实际排水量超过单位产品基准排水量，须按式(3-1)将实测水污染物浓度换算为水污染物基准水量排放浓度，并以水污染物基准水量排放浓度作为判定排放是否达标的依据。产品产量和排水量统计周期为一个工作日。在企业的生产设施同时生产两种以上产品、可适用不同排放控制要求或不同行业国家污染物排放标准，且生产设施产生的污水混合处理排放的情况下，应执行排放标准中规定的最严格的浓度限值，并按式(3-1)换算水污染物基准排水量排放浓度。

$$\rho_{基} = \frac{Q_{总}}{\sum(Y_i Q_{i基})} \times \rho_{实} \qquad (3-1)$$

式中 $\rho_{基}$——水污染物基准排水量排放浓度，mg/L；

$Q_{总}$——排水总量，m³；

Y_i——第 i 种产品产量，t；

$Q_{i基}$——第 i 种产品的单位产品基准排水量，m³/t；

$\rho_{实}$——实测水污染物排放浓度，mg/L。

若 $Q_{总}$ 与 $\Sigma(Y_i Q_{i基})$ 的比值小于 1，则以水污染物实测浓度作为判定排放是否达标的依据。

(2) 大气污染物排放控制要求

自 2012 年 10 月 1 日至 2014 年 12 月 31 日止，现有企业执行表 3-4 规定的大气污染物排放限值。

自 2015 年 1 月 1 日起，现有企业执行表 3-5 规定的大气污染物排放限值。

自 2015 年 10 月 1 日起，新建企业执行表 3-5 规定的大气污染物排放限值。

根据国家环境保护工作的要求，在国土开发密度较高、环境承载能力开始减弱，或大气环境容量较小、生态环境脆弱，容易发生严重大气环境污染问题而需要采取特别保护措施的地区，应严格控制企业的污染物排放行为，在上述地区的企业执行表 3-6 规定的大气污染物特别排放限值。

执行大气污染物特别排放限值的地域范围、时间，由国务院环境保护行政主管部门或省级人民政府规定。

企业边界任何 1 小时平均浓度执行表 3-7 规定的浓度限值。

在现有企业生产、建设项目竣工环保验收后的生产过程中，负责监管的环境保护主管部门对周围居住、教学、医疗等用途的敏感区域环境质量进行监测。建设项目的具体监控范围为环境影响评价确定的周围敏感区域；未进行过环境影响评价的现有企业，监控范围由负责监管的环境保护主管部门，根据企业排污的特点和规律及当地的自然、气象条件等因素，参照相关环境影响评价技术导则确定。地方政府应对本辖区环境质量负责，采取措施确保环境状况符合环境质量标准要求。

产生大气污染物的生产工艺和装置必须设立局部或整体气体收集系统和净化处理装置，达标排放。所有排气筒高度应不低于 15m（排放含氰化氢废气的排气筒高度不得低于 25m）。排气筒周围半径 200m 范围内有建筑物时，排气筒高度还应高出最高建筑物 3m 以上。现有和新建焦化企业须安装荒煤气自动放散点火装置。

在国家未规定生产设施单位产品基准排气量之前，以实测浓度作为判定大气污染物排放是否达标的依据。

表 3-4 现有企业大气污染物排放浓度限值

序号	污染物排放环节	颗粒物/(mg/m³)	二氧化硫/(mg/m³)	苯并[a]芘/(μg/m³)	氰化氢/(mg/m³)	苯③/(mg/m³)	酚类/(mg/m³)	非甲烷总烃/(mg/m³)	氮氧化物/(mg/m³)	氨/(mg/m³)	硫化氢/(mg/m³)	监控位置
1	精煤破碎、焦炭破碎、筛分及转运	50	—	—	—	—	—	—	—	—	—	
2	装煤	100	150	—	—	—	—	—	—	—	—	
3	推焦	100	100	0.3	—	—	—	—	—	—	—	
4	焦炉烟囱	50	100① 200②	—	—	—	—	—	800① 240②	—	—	
5	干法熄焦	100	150	—	—	—	—	—	—	—	—	
6	粗苯管式炉、半焦烘干和氨分解炉等燃用焦炉煤气的设施	50	100	—	—	—	—	—	240	—	—	车间或生产设施排气筒
7	冷鼓、库区焦油各类贮槽	—	—	0.3	1.0	—	100	120	—	60	10	
8	苯贮槽	—	—	—	—	6	—	120	—	—	—	
9	脱硫再生塔	—	—	—	—	—	—	—	—	60	10	
10	硫铵结晶干燥	100	—	—	—	—	—	—	—	60	—	

① 机焦、半焦炉。
② 热回收焦炉。
③ 待国家污染物监测方法标准发布实施。

表 3-5 新建企业大气污染物排放浓度限值

序号	污染物排放环节	颗粒物/(mg/m³)	二氧化硫/(mg/m³)	苯并[a]芘/(μg/m³)	氰化氢/(mg/m³)	苯③/(mg/m³)	酚类/(mg/m³)	非甲烷总烃/(mg/m³)	氮氧化物/(mg/m³)	氨/(mg/m³)	硫化氢/(mg/m³)	监控位置
1	精煤破碎、焦炭破碎、筛分及转运	30	—	—	—	—	—	—	—	—	—	车间或生产设施排气筒
2	装煤	50	100	0.3	—	—	—	—	—	—	—	
3	推焦	50	50	—	—	—	—	—	—	—	—	
4	焦炉烟囱	30	50① 100②	—	—	—	—	—	500① 200②	—	—	
5	干法熄焦	50	100	—	—	—	—	—	—	—	—	
6	粗苯管式炉、半焦烘干和氨分解炉等燃用焦炉煤气的设施	30	50	—	—	—	—	—	200	—	—	
7	冷鼓、库区焦油各类贮槽	—	—	0.3	1.0	—	80	80	—	30	3.0	
8	苯贮槽	—	—	—	—	6	—	80	—	—	—	
9	脱硫再生塔	—	—	—	—	—	—	—	—	30	3.0	
10	硫铵结晶干燥	80	—	—	—	—	—	—	—	30	—	

① 机焦、半焦炉。
② 热回收焦炉。
③ 待国家污染物监测方法标准发布实施。

表 3-6 大气污染物特别排放限值

序号	污染物排放环节	颗粒物/(mg/m³)	二氧化硫/(mg/m³)	苯并[a]芘/(μg/m³)	氰化氢/(mg/m³)	苯[①]/(mg/m³)	酚类/(mg/m³)	非甲烷总烃/(mg/m³)	氮氧化物/(mg/m³)	氨/(mg/m³)	硫化氢/(mg/m³)	监控位置
1	精煤破碎、焦炭破碎、筛分及转运	15	—	—	—	—	—	—	—	—	—	车间或生产设施排气筒
2	装煤	30	—	0.3	—	—	—	—	—	—	—	
3	推焦	30	70	—	—	—	—	—	—	—	—	
4	焦炉烟囱	15	30	—	—	—	—	—	150	—	—	
5	干法熄焦	30	80	—	—	—	—	—	—	—	—	
6	粗苯管式炉、半焦烘干和氨分解炉等燃用焦炉煤气的设施	15	30	—	—	—	—	—	150	—	—	
7	冷鼓、库区焦油各类贮槽	—	—	—	1.0	—	50	50	—	10	1	
8	苯贮槽	—	—	—	—	6	—	50	—	—	—	
9	脱硫再生塔	—	—	—	—	—	—	—	—	10	1	
10	硫铵结晶干燥	50	—	—	—	—	—	—	—	10	—	

① 待国家污染物监测方法标准发布后实施。

表 3-7 现有和新建炼焦炉炉顶及企业边界大气污染物浓度限值

污染物项目	颗粒物/(mg/m³)	二氧化硫/(mg/m³)	苯并[a]芘/(μg/m³)	氰化氢/(mg/m³)	苯/(mg/m³)	酚类/(mg/m³)	硫化氢/(mg/m³)	氨/(mg/m³)	苯可溶物/(mg/m³)	氮氧化物/(mg/m³)	监控位置
浓度限值	2.5	—	2.5	—	—	—	—	2.0	—	—	焦炉炉顶
	1.0	0.50	0.01	0.024	0.4	0.02	0.1	0.2	0.6	0.25	厂界

2.《焦化行业绿色工厂评价导则》(YB/T 4916—2021)[17]

《焦化行业绿色工厂评价导则》规定了焦化行业绿色工厂评价的基本原则、评价指标体系及要求、评价方案。该标准适用于以常规焦炉为主体的钢铁联合企业的焦化工序及独立焦化企业,其中,与焦化行业绿色低碳发展相关的内容如下。

(1) 污染物处理设施

工厂产生废水应设置污水处理设施处理并达到相关法律法规及标准要求。

工厂产生废气应设置除尘、脱硫、脱硝等环保设施处理并达到相关法律法规及标准要求。

工厂产生的VOCs等排放气体应分类收集。可回收的收集气宜采用资源化方式处理。

工厂产生的氧化法脱硫废液应采用制酸、提盐等资源化方式处理。

工厂产生的固体废物应有明确的处理方法。

工厂恶臭产生装置应设尾气净化处理设施。

工厂应配套设置消防事故水池、初期雨水收集池等设施。

工厂煤气、荒煤气事故放散应设自动放散点火装置。

工厂宜设置污水深度处理设施,提高废水回用率。

工厂应设置危险废物暂存库。危险废物处理应符合相关法律法规及标准要求。

(2) 产品

工厂宜采用适用的标准或规范对产品进行碳足迹核算或核查,核查结果宜对外公布,并对工厂碳排放进行改善。

工厂应有减少碳排放的措施。

工厂宜利用煤气产品中的氢气资源,减少碳排放。

(3) 环境排放

① 大气污染物　工厂大气污染物排放应符合相关国家标准、行业标准和地方标准等要求。

工厂应按标准要求在废气排放点安装在线监测设备。

工厂应建立大气污染物排放台账,开展自行监测和监控,保存原始记录。

工厂大气污染物数据应纳入信息化环境管理系统。

② 水体污染物　工厂水体污染物排放应符合相关国家标准、行业标准和地方标准等要求。

工厂废水应清污分流、分类收集、分质处理。

工厂应有防止地下水污染防渗措施。防渗应满足相关标准要求。

工厂应建立水体污染物排放台账，开展自行监测和监控，保存原始记录。

工厂水体污染物数据应纳入信息化环境管理系统。

③ 固体废物　工厂应对产生的固体废物进行分类收集并制定资源化利用方案。

工厂应设有固体废物暂存场地。

工厂废弃物的处理应符合 GB 18599、GB 18597 要求，或由具备相应能力和资质的专业公司进行处置。

工厂应建立固体废物处置台账，保存处理记录。

工厂固体废物数据宜纳入信息化环境管理系统。

④ 温室气体　工厂应按照 GB/T 32150 对厂界范围内的温室气体排放进行核算和报告，宜进行核查并对外公布核查结果。

工厂应有降低温室气体排放的方案，并应利用核算或核查结果进行改善。

工厂温室气体排放数据宜纳入信息化环境管理系统。

(4) 绩效

① 原料无害化　绿色物料应符合选自省级以上政府相关部门发布的资源综合利用产品目录、有毒有害原料（产品）替代目录等，或利用再生资源及产业废弃物等作为原料。

工厂绿色物料使用率应满足国家有关标准规范要求。计算方法见表 3-8。

② 生产洁净化　工厂各项环境指标应优于《关于推进实施钢铁行业超低排放意见》中超低排放要求。

蒸氨废水等主要废水产生量等生产洁净化指标应满足 HJ/T 126 要求，并达到行业先进值（一级指标），不低于限值（三级指标）。计算方法见表 3-8。

主要排放口的废气产生量等生产洁净化指标应满足 HJ 584 要求，应达到行业先进值。

主要污染物产生量应符合 HJ/T 126 要求，并达到行业先进值（一级指标），不低于限值（三级指标）。计算方法见表 3-8。

③ 废弃物资源化　煤气等主要资源消耗指标应满足 HJ/T 126 要求，并达到行业先进值（一级指标），不低于限值（三级指标）。计算方法见表 3-8。

水资源利用应满足 GB/T 34610 要求，并达到行业先进值。

固体废物综合利用率应达到行业先进值。计算方法见表 3-8。

焦化废水回用率应达到行业先进值。计算方法见表 3-8。

表 3-8　焦化行业绿色工厂绩效指标的计算方法

① 容积率　容积率为工厂总建筑物（正负 0 标高以上的建筑面积）、构筑物面积之和与厂区用地面积的比值，按式(3-2)计算：

$$R = \frac{A_{ZJZW} + A_{ZGZW}}{A_{YD}} \tag{3-2}$$

式中　R——工厂容积率，量纲为 1；
　　　A_{ZJZW}——工厂总建筑物建筑面积，m^2；
　　　A_{ZGZW}——工厂总构筑物建筑面积，m^2；
　　　A_{YD}——工厂用地面积，m^2。

② 绿色物料使用率　绿色物料使用率按式(3-3)计算：

$$\varepsilon = \frac{G_i}{M_i} \times 100\% \tag{3-3}$$

式中　ε——绿色物料使用率，量纲为 1；
　　　G_i——统计期内绿色物料使用量，单位视产品种类而定，绿色物料应选自省级以上政府相关部门发布的资源综合利用产品目录、有毒有害原料（产品）替代目录等，或利用再生资源及产业废弃物等作为原料，使用量根据物料台账测算；
　　　M_i——统计期内，同类物料总使用量，单位视产品种类而定。

③ 焦化单位产品主要污染物产生量　焦化单位产品主要污染物产生量按式(3-4)计算：

$$s_i = \frac{S_i}{Q} \tag{3-4}$$

式中　s_i——焦化单位产品某种主要污染物产生量，污染物单位每产品单位；
　　　S_i——统计期内某种主要污染物产生量，污染物单位，单位视污染物品种而定；
　　　Q——统计期内合格焦化产品产量，t。

④ 单位产品废气产生量　单位产品废气产生量按式(3-5)计算：

$$g_i = \frac{G_i}{Q} \tag{3-5}$$

式中　g_i——焦炭单位产品某种废气产生量，吨每产品单位；
　　　G_i——统计期内某种废气产生量，t；
　　　Q——统计期内合格产品产量，产品单位。

⑤ 单位产品废水产生量　单位产品废水产生量按式(3-6)计算：

$$w = \frac{W}{Q} \tag{3-6}$$

式中　w——焦炭单位产品废水产生量，吨每产品单位；
　　　W——统计期内某种废水产生量，t；
　　　Q——统计期内合格产品产量，产品单位。

⑥ 焦化单位产品主要原材料消耗量　焦化单位产品主要原材料消耗量按式(3-7)计算：

$$m_i = \frac{M_i}{Q} \tag{3-7}$$

式中　m_i——焦化单位产品某种主要原材料消耗量，原材料单位每产品单位；
　　　M_i——统计期内生产某种产品的某种主要原材料消耗量，单位视原材料品种而定；
　　　Q——统计期内合格焦化产品产量，t。

⑦ 工业固体废物综合利用率　工业固体废物综合利用率按式(3-8)计算：

$$k_i = \frac{Z_i}{Z} \times 100\% \tag{3-8}$$

式中 k_i——工业固体废物综合利用率,量纲为1;
　　Z_i——统计期内工业固体废物综合利用量,t;
　　Z——统计期内工业固体废物产生量,t。

⑧ 废水回用率　废水回用率按式(3-9)计算:

$$k_w = \frac{V_w}{V_d + V_w} \times 100\% \tag{3-9}$$

式中 k_w——废水回用率,量纲为1;
　　V_w——统计期内工厂对外排废水处理后的回用水量,m³;
　　V_d——统计期内工厂向外排放的废水量,m³。

⑨ 焦炭单位产品碳排放量　焦炭单位产品碳排放量按式(3-10)计算:

$$C_C = \frac{C}{Q} \tag{3-10}$$

式中 C_C——生产焦炭单位产品碳排放量,$kgeCO_2/t$;
　　C——统计期内工厂边界内二氧化碳当量排放量,$kgeCO_2$;
　　Q——统计期内合格焦炭产品产量,t。

④ 能源低碳化　焦炭单位产品能源消耗应达到 GB 21342 行业先进值指标要求。

工厂应按照 GB/T 32150 及有关标准、规范文件对企业排放数据进行核算,焦炭单位产品碳排放量不高于限值要求,计算方法见表3-8。

二、行业标准规范

1.《清洁生产标准　炼焦行业》(HJ/T 126—2003)[18]

《清洁生产标准　炼焦行业》适用于常规机械化焦炉焦炭生产企业的炼焦、煤气净化工段及主要产品生产(不包括化学产品深加工和生活消耗)的清洁生产审核、清洁生产潜力与机会的判断、清洁生产绩效评定和清洁生产绩效公告制度。该标准中关于焦化行业绿色低碳发展相关的内容如下。

炼焦行业清洁生产标准的指标要求见表3-9~表3-14。

表3-9　生产工艺与装备要求

	指标	一级	二级	三级
备煤工艺与装备	精煤贮存	室内煤库或大型堆取料机机械化露天贮煤场设置喷洒水设施(包括管道喷洒或机上堆料时喷洒)	堆取料机机械化露天贮煤场设置喷洒水装置	小型机械露天贮煤场配喷洒水装置
	精煤输送	带式输送机输送、密闭的输煤通廊、封闭机罩,配自然通风设施		

续表

	指标	一级	二级	三级
备煤工艺与装备	配煤方式	自动化精确配煤		
	精煤破碎	新型可逆反击锤式粉碎机、配备冲击式除尘设施,除尘效率≥95%		
炼焦工艺与装备	生产规模/(10^4 t/a)	≥100	≥60	≥40
	装煤	地面除尘站集气除尘设施,除尘效率≥99%,捕集率≥95%,先进可靠的PLC自动控制系统	地面除尘站集气除尘设施,除尘效率≥95%,捕集率≥93%,先进可靠的自动控制系统	高压氨水喷射无烟装煤、消烟除尘车等高效除尘设施或装煤车洗涤燃烧装置、集尘烟罩等一般性的控制设施
	炭化室高度/m	≥6.0	≥4.0	
	炭化室有效容积/m^3	≥38.5	≥23.9	
	炉门	弹性刀边炉门		敲打刀边炉门
	加热系统控制	计算机自动控制	仪表控制	
	上升管、桥管	水封措施		
	焦炉机械	推焦车、装煤车操作电气采用PLC控制系统,其他机械操作设有联锁装置		先进的机械化操作并设有联锁装置
	荒煤气放散	装有荒煤气自动点火装置		
	炉门与炉框清扫装置	设有清扫装置,保证无焦油渣		
	上升管压力控制	可靠自动调节		
	加热煤气总流量、每孔装煤量、推焦操作和炉温监测	自动记录、自动控制	自动记录	
	出焦过程	配备地面除尘站集气除尘设施,除尘效率≥99%,捕集率≥90%,先进可靠的自动控制系统		配备热浮力罩等较高效除尘设施
	熄焦工艺	干法熄焦密闭设备,配备布袋除尘设施,除尘效率≥99%,先进可靠的自动控制系统	湿法熄焦、带折流板熄焦塔	
	焦炭筛分、转运	配备布袋除尘设施,除尘效率≥99%	采用冲击式或泡沫式除尘设备,除尘效率≥90%	
煤气净化装置	工序要求	包括冷鼓、脱硫、脱氰、洗氨、洗苯、洗萘等工序		
	煤气初冷器	横管式初冷器或横管式初冷器+直接冷却器		
	煤气鼓风机	变频调速或液力耦合调速		

续表

	指标	一级	二级	三级
煤气净化装置	能源利用	水、蒸汽等能源梯级利用、配备制冷设施	水、蒸汽等能源梯级利用或利用海水冷却	
	脱硫工段	配套脱硫及硫回收利用设施		
	脱氨工段	配套洗氨、蒸氨、氨分解工艺或配套硫铵工艺或无水氨工艺		
	粗苯蒸馏方式	粗苯管式炉		
	蒸氨后废水中氨氮浓度/(mg/L)	≤200		
	各工段贮槽放散管排出的气体	采用压力平衡或排气洗净塔等系统,将废气回收净化		采用呼吸阀,减少废气排放
	酚氰废水	生物脱氮、混凝沉淀处理工艺,处理后水质达《钢铁工业水污染物排放标准》(GB 13456—92)一级标准		生物脱氮、混凝沉淀处理工艺,处理后水质达《钢铁工业水污染物排放标准》(GB 13456—92)二级标准

注:《钢铁工业水污染物排放标准》(GB 13456—92)自 2012 年起已经作废,新标准要求为《钢铁工业水污染物排放标准》(GB 13456—2012)。

表 3-10 资源能源利用指标

指标		一级	二级	三级
工序能耗(标煤/焦)/(kg/t)		≤150	≤170	≤180
吨焦耗新鲜水量/(m³/t)		≤2.5	≤3.5	≤3.5
吨焦耗蒸汽量/(kg/t)		≤0.20	≤0.25	≤0.40
吨焦耗电量/(kW·h/t)		≤30	≤35	40
千克标煤耗热量(7%H_2O)/(kJ/kg)	焦炉煤气	≤2150	≤2250	≤2350
	高炉煤气	≤2450	≤2550	≤2650
焦炉煤气利用率/%		100	≥95	≥80
水循环利用率/%		≥95	≥85	≥75

表 3-11 产品指标

指标	一级	二级	三级
焦炭	粒度、强度等指标满足用户要求,产品合格率>98%	粒度、强度等指标满足用户要求,产品合格率95%~98%	粒度、强度等指标满足用户要求,产品合格率93%~95%
	优质的焦炭在炼铁、铸造和生产铁合金的生产过程中排放的污染物少,对环境影响小	焦炭在使用过程中对环境影响较小	焦炭在使用过程中对环境影响较大

续表

指标		一级	二级	三级
焦炭		储存、装卸、运输过程对环境影响很小	储存、装卸、运输过程对环境影响较小	储存、装卸、运输过程对环境影响较小
焦炉煤气	用作城市煤气	$H_2S \leq 20mg/m^3$，$NH_3 \leq 50mg/m^3$，萘$\leq 50mg/m^3$（冬），萘$\leq 100mg/m^3$（夏）		
	其他用途	$H_2S \leq 200mg/m^3$	$H_2S \leq 500mg/m^3$	
煤焦油		使用合格焦油罐，配脱水、脱渣装置，进行机械化清渣；储存、输送的装置和管道采用防腐、防泄、防渗漏材质，罐车密闭运输		
铵产品		储存、包装、输送采取防腐、防泄漏等措施		
粗苯		生产、储存、包装和运输过程密闭、防爆，且与人体无直接接触		

表 3-12 污染物产生指标

指标			一级	二级	三级
气污染物	颗粒物/(kg/t)	装煤	≤ 0.5	≤ 0.8	—
		推焦	≤ 0.5	≤ 1.2	—
	苯并[a]芘/(g/t)	装煤	≤ 1.0	≤ 1.5	—
		推焦	≤ 0.018	≤ 0.040	—
	SO_2/(kg/t)	装煤	≤ 0.01	≤ 0.02	—
		推焦	≤ 0.01	≤ 0.015	—
		焦炉烟囱	≤ 0.035	≤ 0.105	—
	焦炉废气污染物无组织泄漏/(mg/m³)	颗粒物	2.5	2.5	3.5
		苯并[a]芘	0.0025	0.0025	0.0040
		BSO	0.6	0.6	0.8
水污染物	蒸氨工段	蒸氨废水产生量/(t/t)	≤ 0.50		≤ 1.0
		COD_{Cr}/(kg/t)	≤ 1.2	≤ 2.0	≤ 4.0
		NH_3-N/(kg/t)	≤ 0.06	≤ 0.10	≤ 0.20
		总氰化物/(kg/t)	≤ 0.008	≤ 0.012	≤ 0.025
		挥发酚/(kg/t)	≤ 0.24	≤ 0.40	≤ 0.80
		硫化物/(kg/t)	≤ 0.02	≤ 0.03	≤ 0.06

注：除浓度值外，均为吨焦污染物产生量。

表 3-13 废物回收利用指标

指标		一级	二级	三级
废水	酚氰废水	处理后废水尽可能回用,剩余废水可以达标外排		
	熄焦废水	熄焦水闭路循环,均不外排		
废渣	备煤工段收尘器煤尘	全部回收利用		
	装煤、推焦收尘系统粉尘	全部回收利用		
	熄焦、筛焦系统粉尘	全部回收利用(如用作钢铁行业原料、制型煤等)		
	焦油渣(含焦油罐渣)	全部不落地且配入炼焦煤或制型煤		
	粗苯再生渣	全部不落地且配入炼焦煤或制型煤或配入焦油中		
	剩余污泥	覆盖煤场或配入炼焦煤		

表 3-14 环境管理要求

指标		一级	二级	三级
环境法律法规标准		符合国家和地方有关环境法律、法规,污染物排放达到国家和地方排放标准、总量控制和排污许可证管理要求		
环境审核		按照炼焦行业的企业清洁生产审核指南的要求进行审核;按照 ISO 14001 建立并运行环境管理体系,环境管理手册、程序文件及作业文件齐备	按照炼焦行业的企业清洁生产审核指南的要求进行审核;环境管理制度健全,原始记录及统计数据齐全有效	按照炼焦行业的企业清洁生产审核指南的要求进行审核;环境管理制度、原始记录及统计数据基本齐全
生产过程环境管理	原料用量及质量	规定严格的检验、计量控制措施		
	温度系数	$K_{均} \geq 0.95$ $K_{安} \geq 0.95$	$K_{均} \geq 0.90$ $K_{安} \geq 0.90$	$K_{均} \geq 0.85$ $K_{安} \geq 0.80$
	推焦系数 $K_{总}$	≥ 0.98	≥ 0.90	≥ 0.85
	炉门、小炉门、装煤孔、上升管的冒烟率(分别计算)	$\leq 3\%$	$\leq 5\%$	$\leq 8\%$
	装煤、推焦、熄焦等主要工序的操作管理	运行无故障、设备完好率达 100%	运行无故障、设备完好率达 98%	运行无故障、设备完好率达 95%
	岗位培训	所有岗位进行过严格培训	主要岗位进行过严格培训	主要岗位进行一般培训
	生产设备的使用、维护、检修管理制度	有完善的管理制度,并严格执行	对主要设备有具体的管理制度,并严格执行	对主要设备有基本的管理制度
	生产工艺用水、电、汽、煤气管理	安装计量仪表,并制定严格定量考核制度	对主要环节进行计量,并制定定量考核制度	对主要用水、电、汽环节进行计量
	事故、非正常生产状况应急	有具体的应急预案		

续表

指标		一级	二级	三级
环境管理	环境管理机构	建立并有专人负责		
	环境管理制度	健全、完善并纳入日常管理	健全、完善并纳入日常管理	较完善的环境管理制度
	环境管理计划	制订近、远期计划并监督实施	制订近期计划并监督实施	制订日常计划并监督实施
	环保设施的运行管理	记录运行数据并建立环保档案	记录运行数据并建立环保档案	记录运行数据并进行统计
	污染源监测系统	水、气、声主要污染源、主要污染物均具备自动监测手段	水、气、声主要污染源、主要污染物均具备自动监测手段	水、气、声主要污染源、主要污染物均具备自动监测手段
	信息交流	具备计算机网络化管理系统	具备计算机网络化管理系统	定期交流
相关方环境管理	原辅料供应方、协作方、服务方	服务协议中要明确原辅料的包装、运输、装卸等过程中的安全要求及环保要求		
	有害废物转移的预防	严格按有害废物处理要求执行,建立台账、定期检查		

2.《高耗能行业重点领域节能降碳改造升级实施指南》（发改产业[2022]200号）[19]

《高耗能行业重点领域节能降碳改造升级实施指南》提出焦化行业节能降碳改造的工作目标是：到2025年，焦化行业能效标杆水平以上产能比例超过30%，能效基准水平以下产能基本清零，行业节能降碳效果显著，绿色低碳发展能力大幅提高。其中，与焦化行业绿色低碳发展相关的内容如下。

（1）加强先进技术攻关，培育标杆示范企业

发挥焦炉煤气富氢特性，有序推进氢能发展利用，研究开展焦炉煤气重整直接还原炼铁工程示范应用，实现与现代煤化工、冶金、石化等行业的深度产业融合，减少终端排放，促进全产业链节能降碳。

（2）加快成熟工艺普及推广，有序推动改造升级

① 绿色技术工艺　重点推动高效蒸馏、热泵等先进节能工艺技术应用。加快推进焦炉精准加热自动控制技术普及应用，实现焦炉加热燃烧过程温度优化控制，降低加热用煤气消耗。加大煤调湿技术研究应用力度，降低对生产工艺影响。

② 余热余能回收　进一步加大余热余能的回收利用，推广应用干熄焦、上升管余热回收、循环氨水及初冷器余热回收、烟道气余热回收等先进适用技

术，研究焦化系统多余热耦合优化。

③ 能量系统优化　研究开发焦化工艺流程信息化、智能化技术，建立智能配煤系统，完善能源管控体系，建设能源管控中心，加大自动化、信息化、智能化管控技术在生产组织、能源管理、经营管理中的应用。

④ 循环经济改造　推广焦炉煤气脱硫废液提盐、制酸等高效资源化利用技术，解决废弃物污染问题。利用现有炼焦装备和产能，研究加强焦炉煤气高效综合利用，延伸焦炉煤气利用产业链条，开拓焦炉煤气应用新领域。

⑤ 公辅设施改造　提高节能型水泵、永磁电机、永磁调速、开关磁阻电机等高效节能产品使用比例，合理配置电机功率，系统节约电能。鼓励利用焦化行业的低品质热源用于周边城镇供暖。

3.《焦化行业能源管理体系实施指南》（GB/T 32041—2015）[20]

本标准旨在引导企业转变能源管理观念，建立长效管理机制，采用系统分析方法，结合焦化企业复杂的能源结构特点，在设计、采购、能源储存、加工转换、输送分配、终端使用和余能回收利用等过程精细管理，挖掘潜力，促进先进节能技术和管理措施的推广、应用和进步。倡导焦化企业通过信息化手段实现对各类能源与耗能工质数据的在线采集、集中监控、统一调配和动态调控，满足国家相关法律法规和标准要求，提高企业能源加工转换效率，降低能源消耗和能源成本，提升企业综合竞争实力。

(1) 与焦化行业绿色低碳发展相关的内容

① 企业应结合能源评审中识别出的法律法规和其他要求、主要能源使用以及改进能源绩效的机会，策划建立、实施和保持能源目标和指标，能源目标和指标应在相关职能、层次、过程或设施等层面进行适当分解。

② 能源目标应与能源方针相一致，体现能源绩效改进的预期；能源指标应与能源目标相一致，能够有效支撑能源目标的实现。能源指标应具体量化，并可测量，可行时，宜建立相应的能源基准和能源标杆。

③ 能源目标可采用企业能源绩效参数的改进来体现，如焦炭单位产品能耗、万元产值能耗、吨焦能源成本、节能量等，体现形式可以多样。

(2) 企业建立能源指标考虑的层面

① 企业层面，如吨焦煤耗、吨焦电耗、余能回收利用率等。

② 职能部门层面，如采购煤质量合格率、设备运行率、干熄焦率、煤气利用率、配煤成本等。

③ 用能单元层面，如煤场损耗、炼焦耗热量、吨焦发电量、干熄焦烧损

率、动力锅炉吨蒸汽煤耗等。

（3）企业建立和评审能源目标和能源指标考虑的内容

① 适宜的法律法规、政策、标准及其他要求，如焦炭单位产品能耗限额值、焦化准入条件限定值、国家节能减排强制性要求、通用机电设备和工业窑炉的能效限定值等。

② 上级主管部门节能减排的目标及任务分解。

③ 企业的能源方针。

④ 能源评审输出的主要能源使用和改进能源绩效的机会。

⑤ 财务、运行、经营条件、可选择的技术及相关方的意见等。

企业应规定完成能源目标和能源指标的时间进度要求，形成文件并予以公布。

企业宜建立能源目标和能源指标的绩效评价机制，定期跟踪评价能源目标和能源指标的完成进度；当主要能源使用变更时，宜对能源目标和能源指标重新评审并及时调整。

第四章

焦化行业绿色低碳技术

本章主要介绍焦化行业绿色低碳技术。我国焦化行业当前面临的一系列问题，致使其必须进行改革调整，推进去产能和布局优化，研发推广先进的技术，大力提升环保、节能、低碳、安全水平，才能实现可持续发展。近年来，焦化行业围绕工艺技术改造、设备改进与更新、废弃资源循环再利用等方面，从备煤到焦炉到煤气净化再到废水处理环节，开发和应用了一系列先进技术，工艺设备不断提升改进，环保治理能力逐步加强，行业绿色转型成效显著。

第一节 源头减排技术[21]

一、装煤车封闭技术

该技术适用于顶装常规机焦炉装煤环节。装煤车设置双层导套，内外套之间、外套与装煤孔座之间采用特殊密封结构，减少装煤烟气无组织排放。

二、高压氨水喷射技术

该技术适用于常规机焦炉装煤环节。在桥管处喷射高压氨水形成引射，产生压力差，将部分装煤烟尘导入集气管，减少装煤烟气无组织排放。

三、导烟技术

该技术适用于常规机焦炉装煤环节。焦炉炉顶设置导烟装置，将正在进行装煤操作的炭化室烟气导入相邻炭化室内，减少装煤烟气无组织排放。该技术可与高压氨水喷射技术联合使用。

四、单孔炭化室压力调节技术

该技术适用于常规机焦炉装煤环节。上升管和集气管之间的桥管处设有煤气流量自动调节装置，在装煤和结焦过程中，通过调节单个炭化室内荒煤气进入集气管的流通断面，稳定炭化室压力，减少炉门、装煤孔等处废气无组织排放。该技术可单独使用，也可与高压氨水喷射技术联合使用。

五、分段（多段）加热技术

该技术适用于新建常规机焦炉加热环节。向焦炉燃烧室立火道分段供入煤气或空气，形成多点燃烧，在实现焦炉均匀加热的同时，降低燃烧强度，减少 NO_x 产生量。

六、废气循环技术

该技术适用于常规机焦炉加热环节。将焦炉燃烧废气回配至焦炉燃烧加热系统，降低含氧量，加快气流速度，拉长火焰，降低火道温度，减少 NO_x 产生量。该技术分为炉内废气循环和外部烟气回配两种工艺，其中外部烟气回配适用于使用焦炉煤气加热的焦炉。

七、压力平衡技术

该技术适用于常规机焦炉煤气净化单元（脱硫再生等设施除外）。利用管道将煤气净化单元相关贮槽及设备的放散口与负压煤气管道连接在一起，通过充入氮气的方式调节系统压力，整个系统宜处于与环境压差－150～－50Pa 的压力范围，相关放散口放散气引入煤气鼓风机前的煤气管道内，避免放散气外排。采用该技术应做好安全风险防范及防腐工作。

八、微负压炼焦技术

该技术适用于热回收焦炉。通过风机或烟囱产生吸力，始终保持炭化室及余热锅炉之前的烟气系统处于微负压（－50～－30Pa）状态，减少焦炉炉体无组织排放。

九、双室双闸给料技术

该技术适用于半焦（兰炭）炭化炉装煤环节。在半焦（兰炭）炭化炉装煤给料过程中，通过切换给料器上下闸板，减少炭化炉荒煤气排放。

第二节　过程控制技术[22]

一、熄焦工艺的改进

目前熄焦工艺有湿熄焦和干熄焦两种，其各自有着不同的工艺优势。湿熄焦工艺是将成熟的焦炭由装煤推焦车推出，经除尘拦焦车导入熄焦车厢内，然后由熄焦车运至熄焦塔喷淋熄焦，熄灭后的焦炭被卸至晾焦台晾焦，再送往筛焦系统筛分并按级贮存待运。干熄焦工艺是利用温度低的惰性气体冷却红焦，并将换热吸收的热量传给干熄焦锅炉产生蒸汽或并入厂内蒸汽管网或送去发电，冷却后的惰性气体再由风机引入干熄炉冷却红焦循环使用。

从污染物排放角度对比分析，其粉尘的排放量差不多，湿熄焦比干熄焦略高8%；从经济角度比较分析，虽然干熄焦的基建投资和运行成本是湿熄焦的6倍和2.6倍，但干熄焦能回收余热用于发电。

二、煤调湿技术

"煤调湿"（coal moisture control，CMC）是"装炉煤水分控制工艺"的简称，具有设备布置紧凑、占地面积小、操作简单、运行平稳、操作费用低、充分利用废热等优点。CMC的基本原理是炼焦煤在进入炼焦炉之前进行预处理加热干燥，减少原料煤的水分或对原料水分进行调节，稳定煤中水分在6%左右，以此增大黏结性煤的使用量，并控制炼焦能耗量，使焦炉操作得到改善，提高焦炭质量。CMC以高于200℃的焦炉烟道废气为热源，首先在流化床上对炼焦煤进行干燥处理，使炼焦煤水分降低3%～4%；然后按炼焦煤粒度和密度的不同对其进行风选处理，分离出30%～50%适宜炼焦粒度的细粒煤不再粉碎，减少粉碎机的处理能力，实现节能；同时将除尘器分离出来的最易扬尘的细煤尘压制成型煤，入炉炼焦。

CMC与传统入炉煤干燥有着明显的区别，CMC不是最大限度地减少水分，而是把原料煤的水分控制在一定的范围内。这样既可以增产节能，也不会给焦炉操作和化产回收操作造成困难。采用 CMC 技术，燃料水分每降低 1%，炼焦耗热量就降低 62.0MJ/t（干煤）。

目前主要的 CMC 技术主要有两种：蒸汽管回转干燥煤调湿技术和流化床煤调湿技术，流化床煤调湿技术的热源主要来自焦炉尾气的废热，而蒸汽管回转干燥煤调湿技术采用干熄焦余热发电后的蒸汽作为主热源。因此通常认为流化床煤调湿技术属于废弃资源循环利用，更加节能。

三、蒸氨设备的改造

目前全国焦化企业蒸氨工艺一般采用传统的铸铁栅板塔或泡罩塔，使用直接蒸汽蒸馏技术，其缺点是：效率低、能耗高、环境污染和设备腐蚀严重。由于栅板塔塔板没有降液管和受液盘，气液两相没有专门通道，因而在实际应用中，难以做到气液两相充分接触，效率很低。为了克服原有蒸氨设备的缺陷，提高蒸氨塔的分离能力，减少蒸氨废水，可对斜孔塔板进行改进和创新，具体改造方案如下：一种用于蒸氨塔的斜孔塔盘，包括塔板、降液管和受液盘，其特征是塔板上设有可供气体通过的、相邻两排开口相对的、与塔板的夹角为 $45°\sim 60°$ 的固定斜孔。塔板上还设有可供气体通过的浮动斜孔。降液管为可以平行或交叉设置的、单溢流和多溢流相结合的复合形式；塔盘所在塔的精馏段设有一根降液管，提馏段设有两根降液管；塔板上所设降液管的溢流堰用来维持均匀低液面的适当高度；根据实际设定适当的塔板数量、板间距；塔板的开孔率根据所在位置分别设置为 10%~80%；固定斜孔的分布可为纵横、放射性等各种排列方式。由于塔板上的斜孔垂直于液流方向，气体从斜孔沿水平呈一定夹角逸出，相邻两排的孔口方向相反，交错排列，造成液体高度湍流，从而决定了本踏板具有如下特点。

① 全塔液流中的液体都从斜孔与水平方向呈一定角度喷出，避免了垂直上喷而夹带雾沫，从而使塔板单位截面积的允许气速得到提高。

② 相邻两排斜孔口方向相反，所以气液全部是反向喷出，消除了气液并流造成的液滴不断加速的劣势。

③ 板上斜孔的分布根据工艺需要作不同的安排，分为纵横排列、放射性排列等，使液流湍流更加激烈和多样，促进传质。

④ 板上保证均匀的低液面，使气体与液体有较长的接触时间，液体能不断地分散与聚合，表面不断更新，保证了气液良好接触，促进了传质。

四、导热油代替蒸汽蒸氨

导热油蒸氨工艺是一种间接蒸氨工艺。由冷凝鼓风装置送来的剩余氨水进入蒸氨装置原料氨水槽，由蒸氨塔给料泵抽出后，经流量控制送入氨水换热器，与塔底出来的蒸氨废水换热后，进入蒸氨塔。塔底部分废水经再沸器用导热油间接加热后，产生的蒸汽返回塔底作为蒸氨的热源。蒸氨塔顶出来的氨气经分缩器部分冷凝后，去硫铵装置饱和器。塔底出来的蒸氨废水由蒸氨废水泵抽出，经换热器与原料氨水换热，经废水冷却器冷却后，送往酚氰污水处理站处理。从脱硫装置送来的2.5%～5%的NaOH溶液进入混合器，与进塔的原料氨水混合后进入蒸氨塔，以分解剩余氨水中的固定氨，降低蒸氨废水中的全氨含量。蒸氨塔底产生的沥青定期排至沥青坑，冷却后人工取出送煤厂兑入配煤。沥青坑排出的废水流入地下槽，再由液下泵送至机械刮渣槽。

导热油的生产工艺为：外来导热油首先进入地下放空槽，经补油泵送至导热油贮槽，再经泵送至导热油炉，脱水后加热至200～240℃用导热油泵送至蒸氨再沸器，经与蒸氨废水换热后的导热油进入回油总管至油气分离器，易挥发的水分和轻质组分由顶部排出送至膨胀槽，导热油除去杂质后进入导热油循环泵再回导热油炉循环加热。加热用煤气采用焦炉煤气，煤气燃烧后产生的废气，与空气换热，以节约能源和降低废气排放温度。

五、负压蒸氨

负压蒸氨是利用在负压状态下，降低了剩余氨水的沸点温度，氨和水的相对挥发度提高，分离更加容易进行的原理，实现蒸氨能耗大幅降低的目的。通过真空泵抽吸实现蒸氨系统的负压状态，蒸氨温度由常压蒸氨的104℃降低到70～80℃，进料温度降至60～65℃，蒸氨的能耗减少50%。工艺采用负压精馏，沸腾温度降低，氨挥发性增大,节省煤气消耗；负压蒸氨增加了氨-水相对挥发度，强化蒸氨效果，降低了废水含氨量。

六、负压蒸苯

洗苯工段送来的富油经过油汽换热器和贫富油换热器换热后进入粗苯塔蒸馏，塔顶的粗苯蒸汽经油汽换热器、冷凝冷却器冷却后进入粗苯回流槽，部分粗苯用回流泵送至塔顶作为回流，其余送入粗苯贮槽。塔顶产生的不凝气体经真空泵抽出后送煤气负压管道。塔底的贫油分为三部分，大部分贫油经管式炉加热后返回粗苯塔作为蒸馏的热源,少部分进入再生器进行再生;另一部分贫油经换热冷却后回到洗苯塔。再生塔底的热洗油经再生塔循环泵抽出,经管式炉加热后送回再生塔底,为再生塔蒸馏提供热源。在粗苯塔侧线引出萘油馏分,以降低贫油含萘。负压粗苯蒸馏工艺与常压粗苯蒸馏工艺比较,具有无废水、无废气外排的优点。用真空机组取代直接蒸汽产生负压降低粗苯沸点,同时煤气用量比常压蒸馏可节省20%,从而降低单位产品能耗和运行费用。

七、处理湿焦粉的设备改造

通过对设备工艺进行改造,实现了熄焦过程中水冲混合焦炭筛分机械化,优化了焦炭筛分运输工艺,降低了运输的成本,经济效益较为显著。此设备工艺改造最根本的就在于将人工部分改为了机械运输,实现了人工成本的降低。其工艺前后对比如图4-1所示。

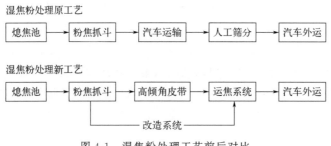

图4-1　湿焦粉处理工艺前后对比

从图4-1中可以看出,熄焦过程水冲混合焦收集筛分改造的最大优势就是能够充分利用企业现有条件,减少了基建的资金投入,能够较好地解决混合焦在运输过程中造成的无组织粉尘污染,同时降低了员工的劳动强度及运输成本,有着较好的环境效益和经济效益。

八、大容积顶装、捣固炼焦技术

目前由于优质原料煤资源非常紧缺、环保法律法规日益严格,焦化企业都经受着巨大的压力。随着我国炼焦炉规模越来越大,而焦化行业现有的炉型却难以实现优化配置,大容积顶装、捣固炼焦技术应运而生。

1. 大容积顶装炼焦技术

大容积顶装焦炉在焦炉机械、炉体、工艺装备、自动化和环保等方面的技术水平都有着显著提升,并有着诸多优点。第一,炭化室高度的增加使得装炉煤堆积密度增加，从而改善了焦炭质量，有利于炼焦煤资源的合理利用；第二，由于单孔炭化室容积增大，在同样生产规模的情况下，由于所需炉孔数大幅减少，产生的污染物也相应地下降，特别是采用多段加热技术，废气中的氮氧化物产生量大大减少，有着明显的环境效益，大幅改善了环保现状，实现了清洁生产；第三，自动化水平高，劳动生产效率显著提高，基建投资、运行费用和维修费等相应地降低；第四，在同样的生产规模下，所需占地面积小很多；第五，焦炉大型化，炉体本身的吨焦表面积降低，炉体散热将减少，从而有利于焦炉热效率的提高；第六，焦炉机械工艺装备水平先进，能够保证生产运行的稳定可靠。

2. 大容积捣固炼焦技术

目前，大容积捣固炼焦具有大容积焦炉和捣固炼焦的双重特性，并符合节能减排的产业政策，因此得到了迅速发展。第一，大容积捣固焦炉装备水平高，单孔产焦量大，具有劳动定员少、劳动效率高和环境污染总量减少的优点；第二，大容积捣固焦炉炉体具有结构强度大，各部结构完善，严密性好，减少了无组织废气的排放，同时炉体寿命长，生产运行好且更能适应捣固炼焦操作等特点；第三，大容积捣固焦炉配置了功能齐备、技术水平先进的融合受煤、捣固、装煤、推焦于一体的捣固装煤推焦机，极大地提高了操作效率；第四，对于采用焦炉煤气加热的独立焦化企业，采用废气循环和多段加热相结合的组合燃烧技术，大容积捣固焦炉能够显著降低污染物排放，大幅改善焦炉环保水平。

第三节　末端治理技术[21]

一、废气治理技术

1. 颗粒物治理技术

（1）袋式除尘技术

该技术适用于备煤、炼焦、熄焦、焦处理单元，过滤风速一般控制在 1.1m/min 以下，除尘效率一般可达 99% 以上，颗粒物排放浓度不大于 30mg/m³；采用覆膜滤料，过滤风速一般控制在 0.8m/min 以下，颗粒物排放浓度不大于 10mg/m³；滤袋寿命一般为 1~2 年。为防止装煤环节废气中焦油等黏性成分黏结滤料，应对滤料进行预喷涂或设置焦炭吸附装置。

(2) 旋风除尘与水洗联合技术

该技术适用于煤气净化单元硫铵干燥设施,通常在水洗塔后设置捕雾器去除液滴。除尘效率一般可达95%以上,颗粒物排放浓度一般不大于80mg/m³;氨去除率一般可达96%以上,氨排放浓度一般不大于30mg/m³。

2. 二氧化硫治理技术

(1) 半干法脱硫技术

该技术适用于焦炉加热环节,通常以碳酸钠、生石灰或熟石灰等作为脱硫剂,钠硫比、钙硫比(物质的量比)一般控制在1.1~1.4,烟气温度通常保持在露点温度以上10~30℃。脱硫效率一般可达80%以上,SO_2 排放浓度一般在30mg/m³ 以下,可通过动态调整脱硫剂用量等方式,控制出口烟气中 SO_2 浓度。

(2) 干法脱硫技术

该技术适用于焦炉加热环节,通常以氢氧化钙等作为脱硫剂,钙硫比(物质的量比)一般控制在1.2~1.5,烟气温度一般为100~320℃。脱硫效率一般可达80%以上,SO_2 排放浓度一般在30mg/m³ 以下,可通过动态调整脱硫剂用量等方式控制出口烟气中 SO_2 浓度。

(3) 湿法脱硫技术

该技术适用于焦炉加热环节,通常以石灰石/石灰浆液或氨水等作为脱硫剂,钙硫比(物质的量比)一般控制在1.02~1.15,吸收塔喷淋层一般不少于2层,压力降一般小于1500Pa,液气比达到设计要求。脱硫效率一般可达90%以上,SO_2 排放浓度一般在30mg/m³ 以下。可通过调整脱硫剂溶液用量等方式控制出口烟气中 SO_2 浓度。该技术一般配有除尘或抑尘措施。

3. 氮氧化物治理技术

炼焦化学工业 NO_x 治理技术主要为选择性催化还原技术(SCR),适用于焦炉加热环节,通常在催化剂作用下,以液氨、氨水等作为脱硝剂;催化剂层数一般为1~2层(以焦炉煤气为燃料)或1~3层(以高炉煤气或高、焦混合煤气为燃料),入口烟气温度一般不低于200℃(视催化剂类型及工作温度条件确定),脱硝效率一般可达85%以上,NO_x 排放浓度一般在150mg/m³ 以下。可通过改变烟气与催化剂接触时间、调整脱硝还原剂用量等方式,控制出口烟气中 NO_x 浓度。

4. 活性炭/活性焦脱硫脱硝一体化技术

该技术适用于焦炉加热环节,净化塔入口烟气温度一般控制在150℃以下，烟气停留时间一般为20s以上。脱硫效率一般可达95%以上，SO_2排放浓度一般不大于30mg/m³；脱硝效率一般可达85%以上，NO_x排放浓度一般不大于150mg/m³。采用该技术应做好安全风险防范工作。当活性炭/活性焦接近饱和状态时，可通过热解再生（温度一般控制在400～450℃）恢复性能。

二、废水处理技术

1. 预处理技术

（1）除油技术

该技术适用于炼焦化学工业废水除油预处理，包括重力除油技术和气浮除油技术。可采用平流式除油池，水力停留时间一般不短于3h。除油效率一般可达30%～80%。

（2）脱氰技术

该技术适用于真空碳酸盐脱硫脱氰工艺产生的脱硫废水预处理，通常以硫酸亚铁等作为脱氰药剂，分离氰化物和硫化物，包括反应器和初沉池。反应器水力停留时间一般在30min左右，初沉池水力停留时间一般在3h左右。处理后废水中的氰化物和硫化物浓度可分别控制在50mg/L以下和20mg/L以下。对于不单独采用脱氰技术的企业，也可将脱硫废水并入循环氨水系统，送蒸氨环节处理。

2. 生化处理技术

生化处理是炼焦化学工业废水处理的重要工艺过程，包括一级生物脱氮处理和两级生物脱氮处理。为确保生物脱氮系统稳定运行，进水水质指标一般为COD_{Cr}不大于5000mg/L、氨氮不大于300mg/L、挥发酚500～800mg/L、氰化物不大于15mg/L、硫化物不大于30mg/L、石油类不大于50mg/L、SS不大于100mg/L、pH值7.0～8.5。

（1）一级生物脱氮处理技术

该技术适用于常规废水生化处理，包括缺氧/好氧（A/O）及由其衍生的厌氧/缺氧/好氧（A/A/O）、好氧/缺氧/好氧（O/A/O）、缺氧/好氧/好氧（A/O/O）等工艺。其中，A/O工艺缺氧池水力停留时间一般为28～32h（以蒸氨废水计，下同），好氧池水力停留时间一般为40～80h，二沉池表面水力负荷一般为1.0～1.5m³/(m²·h)（活性污泥法）或1.5～2.0m³/(m²·h)（生物膜法），沉淀时间一般为2.0～4.0h（活性污泥法）或1.5～4.0h（生物膜法）；A/A/O工艺厌氧池水力停留时间一般为8～16h；O/A/O工艺前端好氧池水力停留时间一般不大于20h，后端好氧池水力停留时间一般为40～60h；A/O/O工艺好氧池总水力停留时间一般为60～80h。该技术对挥发酚、石油类、氨氮和COD_{Cr}的去除率一般可达99.8%、95%、95%和94%，总氮去除率一般可达40%～70%。

(2) 两级生物脱氮处理技术

该技术适用于对总氮排放有更严格要求的废水生化处理，通常采用两级A/O工艺串联。第二级A/O缺氧池和好氧池水力停留时间一般分别为15～20h和5～10h；好氧池碱度一般在200mg/L以上，溶解氧一般在2mg/L以上。出水总氮一般小于20mg/L，其他指标同一级生物脱氮处理技术。

3. 后处理技术

炼焦化学工业废水后处理通常采用混凝沉淀技术，混凝沉淀池水力停留时间一般不短于2h，表面水力负荷一般为1.0～1.5$m^3/(m^2 \cdot h)$；废水与混凝剂混合时间一般为0.5～2min，反应时间一般为5～20min；也可在混凝沉淀后增设过滤单元。出水pH值一般为6～9，COD_{Cr}一般为110～150mg/L。

4. 深度处理技术

焦化废水深度处理技术一般包括高级氧化技术和吸附处理技术，可进一步降低废水中COD_{Cr}、氨氮等控制指标。其中，高级氧化技术主要包括臭氧氧化技术、芬顿（Fenton）氧化技术等，吸附处理技术主要包括活性炭/活性焦及树脂吸附技术等。

(1) 臭氧氧化技术

通过臭氧直接氧化或催化氧化，分解废水中难以生物降解的污染物。其中，对于臭氧催化氧化，废水pH值一般控制在8～9，反应时间一般不短于40min。COD_{Cr}去除率一般可达50%，采用二级催化氧化，出水COD_{Cr}一般可达60～80mg/L。

(2) 芬顿（Fenton）氧化技术

在亚铁离子催化作用下，通过双氧水氧化，分解废水中难以生物降解的污染物；同时通过絮凝沉淀，去除SS。双氧水与COD_{Cr}质量浓度比一般不小于1:1，亚铁离子与双氧水物质的量浓度比一般为1:3；pH值一般控制在3～4，氧化反应时间一般为30～40min；反应后需加碱调节废水pH值至中性后进行絮凝沉淀。生化需氧量、SS去除率一般可达30%～60%，出水COD_{Cr}一般可达60～80mg/L。

(3) 吸附技术

通过吸附剂（活性炭/活性焦、树脂等）的吸附作用，进一步去除废水污染物。为确保出水水质，进水 COD_{Cr} 一般不大于 350mg/L，pH 值为 6～9；为加速沉淀，可在吸附池后投加混凝剂或絮凝剂。COD_{Cr} 去除率一般可达 50%～70%，出水 COD_{Cr} 一般可达 60～80mg/L。采用该技术应及时更换或再生吸附剂。

三、固体废物治理技术

1. 掺煤炼焦技术

除尘灰、焦油渣、酸焦油、蒸氨残渣、再生渣、废水处理污泥、废矿物油与含矿物油废物、废活性炭等可通过厂内掺煤炼焦进行无害化处置。

2. 提盐技术

脱硫废液可通过提盐技术进行资源化利用。提盐回收的硫氰酸铵、硫氰酸钠、硫酸铵、硫酸钠等产品应符合相应的国家、地方或行业的产品质量标准要求，且提盐生产过程中排放到环境的有害物质限值和盐中有害物质含量限值应满足 GB 34330 相关要求。

3. 制酸技术

脱硫废液经预处理后送焚烧炉完全燃烧生成 SO_2，在转化塔内经催化氧化成三氧化硫，然后吸收生成硫酸。硫酸产品应符合相应的国家、地方或行业的产品质量标准要求。采用该技术应做好设备防腐工作。

四、噪声治理技术

1. 隔声罩

隔声罩可阻挡噪声的传播，对固定声源进行隔声处理时，宜尽可能靠近噪声源设置隔声罩，降噪水平约 15dB（A）。隔声罩适用于泵类等设备噪声的控制，隔声罩宜采用带有阻尼层的钢板制作，阻尼层厚度一般为金属板厚的 1～3 倍，隔声罩的内侧面宜设吸声层。

2. 减振基础

安装设备时，在基座下设置减振基础，可有效降低结构噪声，降噪水平约 10dB（A）。减振基础适用于破碎机、振动筛、各类风机、泵类等设备噪声的控制。

3. 消声器

消声器是具有吸声衬里或特殊形状的气流管道，可有效降低空气动力性噪声，降噪水平约25dB（A）。消声器适用于各类风机和余热锅炉高压排气阀噪声的控制，消声器宜装设在靠近进（排）气口处。

4. 弹性连接

管道系统采用弹性连接进行隔振处理，降噪水平约5dB（A）。弹性连接适用于泵类和风机等设备噪声的控制，风机宜采用防火帆布接头或弹性橡胶软管，并采用弹性支吊架进行隔振安装。泵类等宜采用具有足够承压、耐温性能的橡胶软管或软接头（避震喉）；输送介质温度过高、压力过大的管道系统，宜采用金属软管。

5. 厂房吸声

对于常规车间厂房，吸声降噪效果为3～5dB(A)；对于混响严重的车间厂房，吸声降噪效果为6～9dB(A)；对于几何形状特殊（有声聚焦、颤动回声等声缺陷）、混响极为严重的车间厂房，吸声降噪效果一般可达到10～12dB(A)。

五、污染治理技术应用场景示例

1. 备煤、筛焦工段的粉尘治理

（1）备煤粉碎除尘系统

为消除入炉精煤粉碎过程中产生的大量煤粉尘，在煤粉碎机（破碎机）投料口、受料溜槽、煤粉碎机下部受料点等设密闭集尘罩，在除尘风机吸力的作用下，将生产过程中产生的含尘气体吸出，保持工艺系统内负压，被吸出的含尘气体经袋式除尘器净化后排入大气。采用密闭式除尘罩，对逸散的含尘气体捕集率高，除尘效果好，系统运行稳定、可靠。除尘器收集的煤尘由刮板机输送至粉尘贮仓。

煤粉属于易燃易爆粉尘，除尘滤袋采用防静电覆膜聚酯针刺毡，除尘系统设防爆泄爆措施。为防止煤粉黏结滤袋，灰斗设伴热和保温。除尘器收集的煤粉通过溜管回送至工艺输送皮带的密闭罩内。

（2）煤转运站除尘

精煤运输采用全封闭式的通廊，防止煤尘逸散，在转运站分别设置微动力除尘装置。微动力除尘运用空气动力学原理，采用压力平衡和闭环流通方式，用小型电机抽风，在密封的环境内，物料在跌落过程中产生的粉尘气流首先进入多功能除尘室并在与落料筒组成的闭路循环系统中循环运行，少量含尘气体则通过尘料分流装置进入滤尘室，经过滤尘室中滤尘帘的吸附、降尘处理，多数粉尘被滤尘帘吸附后落入皮带随物料被带走，只有微量粉尘继续随气流通过滤尘室进入布袋除尘器进行进一步的除尘处理，以达到消除粉尘的目的。

（3）筛焦、焦仓装卸、焦转运站除尘

焦炭运输采用全封闭式的通廊。为消除干熄焦后的焦炭在筛分过程中产生的大量粉尘，装焦仓系统的胶带机转运点、皮带受料点、仓下部装焦点等产尘点设置集尘罩，收集的含尘气体进入脉冲袋式除尘器净化，净化后经 30m 高的排气筒排放。

2. 装煤、推焦、熄焦及其他无组织放散废气的控制措施

焦炉是炼焦行业的主要污染源，焦炉的装煤、推焦、熄焦过程及炉体各部位泄漏的废气在焦化生产产生的各类废气中危害最大、数量最多，并且是以体源、面源的形式排放的，会造成局部地区环境空气污染，具有污染重、难扩散等特点，可采取以下措施进行控制。

（1）焦炉炉体无组织逸散控制措施

① 焦炉炉盖采用新型密封结构，装煤后用特制泥浆密封，可有效减少烟尘外逸。

② 上升管盖、桥管与阀体承插采用水封装置。

③ 上升管根部采用铸铁底座，杜绝了上升管根部因损坏而引起的冒烟冒火现象，采用石棉绳填塞，特制泥浆封闭，可减少烟尘外逸。

④ 焦炉炉门采用弹簧炉门、厚炉门框、大保护板，并改变衬砖结构和材质，减少炉门变形程度，可有效防止炉门泄漏。

⑤ 焦炉炉柱采用大型焊接 H 型钢，并通过改善炉柱的材质，提高炉柱的强度和刚度，使护炉铁件施加给焦炉砌体的保护力更加均衡和有效，从而保证焦炉炉体的严密。

（2）装煤烟气污染防治措施

焦炉在装煤过程中产生的烟气主要来自三方面，一是煤料装入炭化室占据炭化室空间排出的热空气，二是煤料装入炭化室后与高温炉墙接触，煤中部分挥发分裂解产生的荒煤气，三是煤中水分汽化生成的水蒸气。炉内热空气上升及煤裂解产生的荒煤气和水蒸气从装煤孔、炉门等处冒出，同时带出大量烟、粉尘，在无控制措施情况下，大量烟、粉尘排入大气，严重污染环境。据资料介绍，短时间内装煤产生的烟尘是正常结焦阶段的 7 倍，所排放的污染物占整个炼焦过程污染物排放总量的 50%~60%。

装煤过程采用双 U 形导烟车高压氨水消烟除尘技术，控制装煤过程中污染物的排放。将集气系统布置在焦侧，通过桥管处高压氨水喷射产生的抽吸力，双 U 形导烟车将正在进行装煤操作的第 n 孔炭化室装煤产生的烟气导入到相邻多个炭化室内，再进入集气系统，实现无烟装煤操作。通过提高荒煤气的收集率，最大限度地降低荒煤气无组织排放。

（3）出焦烟气污染防治措施

装入焦炉炭化室的煤经高温干馏炼成焦炭后，赤热的红焦被推焦机按顺序从炭化室推出，焦炭通过导焦栅落入熄焦车内。赤热的焦炭从炭化室被推出后，发生破裂，并在空气中燃烧，产生大量阵发性烟气。焦炉在推焦过程的污染排放特点主要是面广、分散，污染物种类多、危害性大、难治理。

出焦除尘系统主要处理焦侧摘门烟尘、焦炭跌落熄焦车产生的烟尘以及推焦过程中炉门口散逸的烟尘，包括拦焦集尘罩（含炉头烟及摘门烟尘收集系统）、象鼻弯管、水封槽集尘干管及出焦地面除尘站。

焦炉出焦开始前，拦焦车行走至待出焦炉号，打开切换阀，启动拦焦车车载接力风机，进行摘门操作，摘门时散逸的烟尘在接力风机的作用下，进入收集罩内，然后通过象鼻弯管送到出焦地面站净化处理。摘门结束除尘时，开始出焦作业，出焦时，焦饼向熄焦车内塌落以及熄焦车内红焦与周围环境中空气燃烧后产生的大量烟尘，在热浮力的热抬升诱导捕集和风机的吸引下，进入拦焦机的集尘罩内；经 U 形弯管送入水封槽集尘干管；导焦栅上部及炉门口散逸的烟尘在接力风机的作用下，进入炉头烟集尘罩内，然后经象鼻弯管送进水封槽集尘干管内；此两股烟尘在水封槽集尘干管内汇合，进入出焦地面除尘站经降温灭火花器、脉冲式布袋除尘器净化后，由风机经排气筒排至大气。象鼻弯管在随拦焦车行走过程中始终与焦侧输送风管接通，实现了无人操作；地面站风机通过变频器调速，风机与拦焦车信号联锁，当拦焦车发出推焦信号后，出焦地面站的风机高速运行，进行拦焦除尘工作。当拦焦结束后，拦焦车收回推焦信号后，风机低速运转。除尘器收集的粉尘，一部分由刮板输送机送入预喷涂料仓作为装煤除尘器的预喷涂料，其余进行掺煤炼焦。

（4）装煤、推焦机侧炉头烟防治措施

为防止装煤、推焦时烟气从机侧炉门处逸散，装煤车和推焦车配备装煤密封罩，并在机侧炉门口上部设集尘罩。捣固焦炉机侧炉门逸出的烟尘被集尘罩捕集，通过设置在机侧炉顶的烟气转换装置导入机侧炉头烟除尘地面站，通过脉冲袋式除尘器净化后排放。

机侧炉头烟除尘系统由三部分组成：第一部分为收集和导送部分；第二部分为烟尘收集输送部分；第三部分为烟尘净化部分。

焦炉装煤或推焦开始前，焦炉炉顶操作工人开启机侧烟气输送系统的手动密封阀，连通机侧的烟气输送管道与机侧集尘罩，除尘开始。装煤和推焦过程中机侧炉门散逸的烟气在炉门密封的作用下，烟尘向上运动，通过机侧炉门密封装置顶部出口进入到机侧输送管路内，然后烟气经工艺管路送至机侧炉头烟除尘地面站净化处理。烟气到达地面站后，首先与预喷涂料充分混合，脱除烟气中的黏性物质，再进入低压脉冲布袋除尘器净化后，由风机经排气筒排至大气。当装煤或推焦结束后，信号收回，风机低速运转，焦炉炉顶操作工人关闭机侧烟气输送系统的手动密封阀，除尘结束。

(5) 熄焦过程污染控制措施

干熄焦惰性气体循环风机放散气并入焦炉脱硫脱硝设施处理后排放。干熄焦槽顶盖装焦处、干熄焦槽顶部预存放散口及干熄炉底部振动给料器、干熄炉底部排焦溜槽及转运站皮带头尾部落料点等处产生的废气统一收集后进入一套干式除尘地面站。干熄焦惰性气体循环风机放散气并入焦炉脱硫脱硝设施处理后排放，主要是惰性气体，不会影响含氧量。

湿熄焦在熄焦塔塔顶设水雾捕集和双层木结构捕尘装置，可将大部分焦尘和水滴捕集下来，捕集效率达80%以上。

3. 化产尾气处理

(1) 贮槽废气治理

冷鼓工段的立式焦油氨水分离槽、循环氨水中间槽、剩余氨水贮水贮槽等由于存放的物料温度较高，其中一些易挥发的 NH_3、H_2S 等有害气体放散到环境空气中造成污染，粗苯贮槽会产生一些苯、非甲烷总烃等污染物逸散，由于这些放散气体属无组织排放，难以单个治理，直接放散会对环境产生影响。冷鼓工段各贮槽采用氮封，氮封尾气送至鼓风机前煤气管道。粗苯储罐采用内浮顶式储罐。其储罐放散气经压力平衡式氮封系统接入负压煤气管道，即储罐液面下降（出料）时补入氮气，储罐液面上升（进料）时排出氮气，排出的气体经氮封系统调节阀调节后进入鼓风机前负压煤气管道，整个系统无放散气体外排。

(2) 脱硫废气治理

脱硫再生塔尾气主要是空气，含有氨、少量的硫化氢、苯、萘等杂质，需经过处理后排放。脱硫再生塔尾气送至炼焦工序废气开闭器，与补入的空气一起进入小烟道、蓄热室、斜道,在燃烧室内与煤气一起燃烧。

(3) 蒸氨废气治理

蒸氨过程产生的废气含 NH_3、H_2S 等污染物,采用将蒸氨塔顶出来的氨气经分缩器后,进氨冷凝冷却器,冷凝成浓氨水送至溶液循环槽作为脱硫补充液,多余氨去喷淋饱和器生产硫铵,氨气全部得到了利用,避免了外排造成的环境污染。

(4) 硫铵粉尘治理

生产硫铵时沸腾干燥过程中会产生一定的硫铵粉尘,干燥尾气设两级除尘,先经干式旋风除尘器除去尾气中夹带的大部分颗粒物,再由尾气引风机抽送至洗净塔,经循环液对尾气进行连续循环喷洒,以进一步除去尾气中夹带的残留颗粒物,最后经捕雾器除去尾气中夹带的液滴,净化后由抽风机排入大气,净化效率可达99%。

(5) 制酸废气治理

制酸干燥尾气采用水洗和酸洗后,达标排放,干燥过程主要是去除氨和硫化氢,煤气中砷和氟含量较少,净化过程并未对去除砷和氟特殊考虑。制酸吸收塔尾气通过活性炭吸附,活性炭中配置有催化剂,在催化剂的作用下,制酸废气催化转化成10%左右的稀硫酸,后进入干吸工段供稀释浓硫酸使用。

4. 焦炉、粗苯管式炉烟气污染防治

(1) 焦炉烟气治理

目前,常见的烟气脱硫净化工艺包括:CFB半干法、SDS干法、SDA半干法、氧化镁/氧化钙湿法、氨法、活性焦干法等。目前,较成熟的烟气脱硝技术主要有选择性非催化还原技术(SNCR)和选择性催化还原技术(SCR)。

SNCR法是在850~1100℃、无催化剂存在的条件下,利用氨或尿素等氨基还原剂选择性地将烟气中的 NO_x 还原为 N_2 和 H_2O,而基本上不与烟气中的氧气作用。选择适宜的温度区间在SNCR法的应用中是至关重要的,对于氨,最佳反应温度区间为870~1100℃,而尿素的最佳反应温度区间为900~1150℃。该方法以炉膛为反应器。SNCR技术的脱硝效率一般为30%~40%。

SCR法是在320~450℃、含氧气氛下,以 NH_3 作还原剂、V_2O_5-TiO_2-WO_3 体系为催化剂来消除尾气中 NO_x。催化的作用是降低 NO_x 分解反应的活化能,使其反应温度降低至320~450℃选择性催化还原。

从技术的成熟性来看,SCR法由于具有较高的脱硝效率(最高可达

90%），在国内外燃煤电厂得到广泛应用。

SCR 一次性投资较高，根据脱硝效率的不同要求，投资费用存在一定的差别。一般来说，脱硝效率为 75% 时，SCR 催化剂需要布置两层，当效率在 50% 以下时，一层催化剂可满足脱硝要求。催化剂占整个 SCR 脱硝系统的投资比例达到 30%～40%。SCR 法最大的优点是脱硝效率高，系统运行稳定。

焦炉烟道气脱硫脱硝净化装置主要由脱硫塔、除尘脱硝一体化装置、热风炉、余热锅炉、引风机、烟气管道等组成。净化装置从焦炉两处分烟道改造接口处抽取焦炉烟道气，烟气首先进入脱硫塔，在脱硫塔内进行脱硫；从脱硫塔出来的脱硫后烟气进入除尘脱硝一体化装置，烟气在除尘脱硝一体化装置内先经布袋除尘，除尘后的烟气与喷氨装置加入的还原剂（氨气）充分混合。混合后的烟气进入脱硝催化剂层，在催化剂作用下发生脱硝反应，脱除 NO_x；净化后的洁净烟气经过余热回收后再由系统引风机分别送回焦炉烟囱排放。净化烟气的排气温度在 140℃ 以上，不会在烟囱周围产生烟囱雨，并可以避免烟气温度低于酸露点而引起的烟囱腐蚀。

焦炉烟道气脱硫脱硝净化装置主要由烟气系统、脱硫系统、脱硝系统、余热回收系统等组成。

① 烟气系统　主要由烟道、阀门、管道附件及脱硫脱硝引风机组成。焦炉烟道气在脱硫脱硝净化装置中的基本流程为：焦炉地下烟道取风口取风—取风管道—脱硫塔—除尘脱硝一体化装置—余热锅炉—引风机—焦炉烟囱。烟气净化装置的阻力损失主要由引风机进行克服。引风机采用离心风机，风机可通过变频器调节压力和流量，并与焦炉加热系统联锁，既能满足焦炉加热吸力调整要求，又可以达到节能目的。

② 脱硫系统　焦炉烟气净化装置新建一套半干法脱硫塔，半干法脱硫塔为立式塔，从焦炉烟道抽取的 240～290℃ 烟气从塔的上部经过烟气分配器均匀分布后进入脱硫塔，在脱硫塔中间部分脱硫反应区喷入 Na_2CO_3 溶液，充分反应吸收 SO_2 等酸性气体，然后从脱硫塔下部排出。脱硫塔设有溶液顶罐及旋转雾化器，Na_2CO_3 溶液根据原烟气 SO_2 浓度由溶液泵定量送入置于脱硫塔顶部的溶液顶罐，顶罐内的溶液自流入脱硫塔顶部雾化器，溶液经雾化器雾化成 $50\mu m$ 的雾滴，与脱硫塔内烟气接触迅速完成吸收 SO_2 等酸性气体的作用。由于 Na_2CO_3 溶液为极细小的雾滴，增大了脱硫剂与 SO_2 接触的比表面积，反应极其迅速且有极高的脱除 SO_2 效率，脱硫效率在 70% 以上。在 240～290℃ 温度条件下，Na_2CO_3 溶液遇热蒸发，完成反应后的脱硫产物也为极细的颗粒，因此，完成反应的同时也即迅速干燥。脱硫塔内未反应的

Na_2CO_3 干粉与反应生成的 Na_2CO_3 干粉大部分与烟气一同进入脱硫塔出口管道。脱硫塔内少量反应生成的 Na_2CO_3 及未反应的 Na_2CO_3 颗粒物落入塔底的灰斗，通过卸料阀外排。

③ 除尘脱硝一体化装置　脱硝系统由除尘脱硝一体化单元、脱硫灰输送单元、氨气单元、热风炉单元组成。脱硝除尘一体化设备单元包括集成在一个塔体内的脱硫灰除尘净化段、喷氨混合段、热解析气体送风段和脱硝反应段。除尘净化段由灰仓、插板阀、烟气入口、气流均布导流板、滤袋和脉冲喷吹装置组成，考虑设备耐温要求，滤袋材质选用 PTFE 覆膜玻璃纤维复合针刺毡；喷氨混合段由喷氨结构体、混合均流结构体组成；热解析气体送风段由热风均流结构体组成；脱硝反应段由脱硝催化剂和净化烟气出口组成。

④ 热管余热回收锅炉　烟气自上而下进入热管式余热锅炉。来自锅炉软化装置的软化水经泵进入软化水箱，由软化水泵送入除氧器，除氧后的软化水经补充水泵进入省煤器，进行预热，最后进入余热回收锅炉，产生的 0.8MPa 中压蒸汽并入蒸汽管网。焦炉烟气经余热回收系统换热降温后，将热烟气降至约 140℃，净化后的烟气回送至焦炉烟囱排放。

(2) 粗苯管式炉烟气

粗苯管式炉加热采用净化后的洁净煤气，燃烧后的尾气并入焦炉烟气脱硫脱硝一并处理后达标排放。

第四节　废弃资源循环再利用

一、焦炉烟气余热利用

焦炉煤气在燃烧室燃烧产生的废气，经过蓄热室格子砖回收部分显热后，废气温度降至 300～340℃，将这部分热量用于余热回收装置，可产生饱和蒸汽，能合理有效地开发和利用焦炉烟气余热资源，而且能生产出合格的蒸汽，解决焦化生产对蒸汽的需求。

二、干熄焦余热利用技术

干熄焦是采用惰性气体将红焦在无氧的环境下降温冷却的一种熄焦方法。它能够提高焦炭强度和降低焦炭反应性，与传统湿法熄焦相比，M40 可以提高 3%～5%，入炉焦比降低 2%～5%。采用干法熄焦，每处理 1t 焦炭，可以回收约为 1.35GJ 的热量，每干熄 1t 焦炭可以产生压力为 3.8MPa、450℃ 的蒸汽 0.54t；而传统的湿法熄焦不论采用低水分熄焦还是压力蒸汽熄焦的方法，都不能把这部分热量回收回来。如此一来，这部分热量还可以用来发电，降低企业电耗，发电后的蒸汽还可以参与到其他生产工序中。

三、炭化室荒气回收和压力自动调节

根据每孔炭化室煤气发生量变化，实时调节桥管水封阀盘的开度，实现整个结焦周期内炭化室压力调节，避免在装煤和结焦初期因炭化室压力过大产生煤气及烟尘外泄，并大量减少炭化室内荒煤气窜漏至燃烧室，实现装煤烟尘治理和焦炉压力稳定。以 2×60 孔 6m 顶装焦炉（年产焦炭 120 万 t）为例，采用焦炉炭化室压力自动调节煤气增收技术，可回收荒煤气量约为 477 万 m^3/a。按其煤气热值折合成标准煤，相当于节约标准煤 2917t/a、减排 7700t/a。

四、荒煤气显热回收

据统计，在我国钢铁和焦化行业，从焦炉炭化室出来的 650～800℃ 荒煤气带出的余热约占焦炉热量损失的 36%，相当于 39kgce/t。通过上升管换热器结构设计，采用纳米导热材料起导热作用，并防止荒煤气腐蚀和焦油附着，采用耐高温耐腐蚀合金材料最大限度地适应了荒煤气运行的恶劣工况。特殊的几何态构体结构，合理地将换热和稳定运行有机结合，将焦炉荒煤气利用上升管换热器和除盐水进行热交换，产生饱和蒸汽，将荒煤气的部分显热回收利用，实现节能。

五、改性焦粉脱除废水中 COD 和氨氮

焦化废水是焦化企业主要污染物之一，若能实现焦化废水的零排放，对于焦化企业是解决污染问题的首要任务，且对于焦化企业的可持续发展意义重大。目前焦化废水的常用处理工艺主要有生物法、化学法和物化法。物化法其主要的原理是利用污染物的特定物理化学性质来进行污染物的脱除，经常用于生化处理的预处理阶段，能够有效地降低后续工段的系统污染负荷。

焦粉是焦化企业在炼焦过程中产生的，具有与活性炭相似的孔隙结构，不仅能够使处理后的废水达到排放的要求，而且吸附饱和后的焦粉作为还原剂可掺于铁矿石烧结。吸附后的焦粉也可作为配煤炼焦的瘦化剂，不会造成二次污

染，能够大大降低运行成本。其作为具有潜在应用价值的固体废物材料，能够实现企业的清洁生产。

研究表明，改性焦粉对于焦化废水中COD和氨氮的去除效果明显，实用性较高。第一，经硫酸改性后，焦粉表面发生了阳离子交换作用，酸性官能团增多，随着焦粉粒度的增大，孔径尺寸更能包裹废水中的大分子有机化合物和氨氮离子；第二，研究了硝酸的改性效果，与硫酸改性后对焦粉吸附能力不同，COD去除率随焦粉粒度增大先降低后增高，氨氮去除率随粒度增大先增高后降低，说明稀硫酸和稀硝酸对焦粉的改性方式不同，稀硝酸除酸性外还具有较强的氧化性，能氧化焦粉微孔表面的官能团，参与造孔，改善焦粉的吸附能力；第三，焦粉粒度越小，比表面积越大，微孔结构越容易被活化改性，因此较小粒度的焦粉将具有较强的吸附能力。

第五节　在线监测技术

通过在线监测技术可实时掌握污染源排放和废弃物处理设施的运行情况，从而有针对性地采取措施。

一、废气在线监测

焦化行业废气监测通常采用连续监测固定污染源颗粒物和（或）气态污染物排放浓度及排放量所需要的全部设备，即Continuous Emission Monitoring System，简称CEMS。CEMS由颗粒物监测单元和（或）气态污染物监测单元、烟气参数监测单元、数据采集与处理单元组成，其中气态污染物监测单元包含SO_2、NO_x、CO、HCl和NMHC中的一个或多个监测单元。废气监测点位通常设置在焦炉烟囱和供气锅炉烟囱出口处。各监测点由颗粒物系统、气态污染物监测系统、烟气参数监测系统、数据采集系统、数据处理和通信系统、远程访问和监视系统组成。现场数据信号通过数据传输系统进入公司DCS系统，公司监测站通过电脑终端从监测点提取实时监测数据。

二、废水在线监测[23]

废水监测点位通常设置在污水总排口和生化处理站出口，监测项目涉及COD、氨氮、pH、流量等因子。废水在线监测系统由排放口监测点系统、数据收集系统、通信网、监测工作站及辅助设备组成。从排污口用水泵取水样，通过管道送监控室，用过滤器、超滤系统过滤后输入监控仪进行监测，然后将终端测试数据输入记录仪。现场数据信号通过数据记录仪、适配仪，传输至公司 DCS 系统，公司监测站再通过电脑终端从监测点提取实时监测数据。废水在线监测系统示意图如图 4-2 所示。

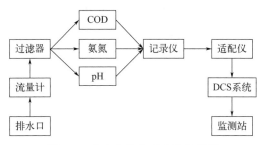

图 4-2　废水在线监测系统示意图

三、全过程监管平台

通过对焦化企业的重点工艺参数进行工况监测，并应用物联网数据智能采集、大数据技术、关联智能分析等新一代信息技术，整合污染源在线监控、用电监控、视频监控等各个监测监控系统，打造焦化企业全过程监管平台，从档案管理、数据监测、异常告警、图形化展示到决策支持，实现污染源"过程＋结果"全过程监管，从而解决焦化企业生产排污、治污不规范，数据造假不易发现，执法力量不足，监管执法不精准等问题，进一步提升对焦化企业的监测监控能力，实现环境管理和污染防治的信息化、智能化、精准化、现代化。

焦化企业全过程监管平台是在焦化企业内建设完善的物联感知体系，包括用电监控设备（监控电压、电流、负荷等用电参数）、工况参数监控设备（监控重要工艺过程参数，如温度、压力、pH、流量等）、在线监控设备（监控 COD、氨氮、总磷、总氮等）、视频监控设备等，对焦化企业生产、治污设施用电过程，关键工艺节点运行工况，废气、废水排放等，进行全过程监控，并将各监测监控数据进行大数据整合、关联比对验证，保证监测数据准确、可靠，最终实现对排污单位全过程无死角监管。

焦化企业全过程监管平台具备总体预览、一企一档、数据查看、组态监控、异常告警、自查自纠、决策分析、视频监控八个方面功能。"总体预览"能够全面反映焦化企业基本信息、环境监测信息、不同维度的异常信息、视频监控和环境质量等整体信息；"一企一档"实现了对焦化企业的企业基本信息、排污许可证信息、建设项目信息、监测点信息、工艺信息和监测信息的统一管理;"数据查看"能够实时查询焦化企业电气量、非电气量和末端排放数据,以树形图等方式展示焦化企业产污、治污、排口数据,并支持对比分析、导出等功能;"组态监控"采用组态技术,增强系统可视化显示能力,对焦化企业从产污、治污、排污等方面进行组态展示,针对出现异常进行醒目显示;"异常告警"是根据平台内置的多种研判模型,从生产过程、治污工作状况、末端排口信息等维度进行异常研判,及时推送告警信息;"自查自纠"则是将监管工作网络延伸至企业内部,建立异常申报、核实反馈体系,将异常信息及时反馈排污单位,督促企业迅速自查自纠、及时整改,帮助排污单位增强主体责任、提高主体意识、提升自控能力;"决策分析"是采用数据分析模型,提供溯源分析、企业画像、排污量分析、疑似偷漏排分析等决策分析应用;"视频监控"着重整合焦化企业的监控视频数据,可以查看实时监控画面或历史监控信息。

　　焦化企业全过程监管平台具有全过程监测、可视化展示、个性化建模、关联性分析等特点,实现监测监控整合、数据互相验证、数据关联分析、个性化建模。监测监控整合主要是整合用电监控、工况监控、在线监控和视频监控,运用物联网传输技术,将监测监控数据上传平台,进行数据整合及融合,为开展数据相互验证及关联分析奠定大数据基础。数据互相验证则是综合利用用电监控和工况监控的过程数据、在线监控的结果数据以及视频监控信息,进行比对分析,进行数据的相互验证,能提高及保证监控数据的可靠性和准确性,避免单项监控的弱点和盲区。数据关联分析是大数据技术在生态环保领域的应用,通过用电数据、工况数据、在线数据、视频数据的关联分析和数据挖掘,发现企业排污异常状况,如企业偷排、漏排、数据作假等各种不正常状况等,为环境监管决策提供依据。个性化建模能够针对不同焦化企业生产设施不同、工艺流程不同、工况参数不同等情况特点,选择合适的监测指标,如负压监测、温度监测、管道压力监测、酸碱度监测、风压监测等,实现精准施策、一企一策,建立用电过程研判、用能研判、废气收集效率研判等个性化监控模型、分析模型,为决策部署提供直观的统计数据。同时,以图形化方式展示焦化企业地理位置及监测监控数据曲线,以组态图方式显示企业工艺流程及关键工艺参数值,实现污染源的实时监控、动态监管。

四、污染源自动监测设备动态管控系统[24]

　　动态管控系统通过对现有环境监测软件、数据审核软件、数据采集与监视控制系统（SCADA）和数据采集传输系统升级，提出自动监测设备工作参数、运行状态和监测数据"三同时"监控的解决方案。系统可实现对重点污染源主要污染物的 24h 自动监测，并实时发布自动监测数据，能有效发现和减少排污企业通过修改设备参数等手段对监测数据的造假行为，提高数据的准确率和有效率。

目前大多数自动监测设备都由分析仪、工控机、数据采集传输仪 3 部分构成，设备校正过程可以由分析仪、工控机来完成，其中在工控机上操作更加简单，给维护工作带来了很大的便利，同时也导致各种参数极易被修改。基于烟气污染源监控中数据造假的主要环节在数据处理设备工控机上，借鉴废水和污水处理厂监控的现场设备联网模式，对污染源分析系统、数据采集传输仪和监控平台作改进，采取自动监测设备分析仪与数据采集传输仪直连方式。利用数据采集传输仪计算数据，在不改变工控机原有功能的基础上，实现自动监测设备工作参数、运行状态和监测数据的"三同时"监控。

系统将分析系统与外界的通信方式由原来的模拟量信号输出转变为数字量信号输出，并增加了参数和状态输出，输出的参数包括影响监测数据的所有参数（量程、标气或标液浓度、校准偏差和数据修正系数等），状态输出能反映当前分析仪运行及报警情况的所有状态。同时，根据不同品牌型号自动监测设备的自身情况，改造或固化斜率、截距等关键工作参数。在分析系统环节，剔除对监测数据影响较大的参数种类（校正因子和偏移量），对不能剔除的参数（消解时间、消解温度、标气或标液浓度、校准偏差和量程等）作固化处理，从而减少影响监测数据的参数数量。

原有的数据采集传输仪只采集监测数据，并按特定频率向监控中心传输监测数据，改进后增加了以下功能：①将原有数据源为工控机的数据采集模块改进为自动监测设备，并统一数据采集接口；②增加数据处理模块，用于将烟气分析系统输出的监测数据数字量信号转换为最终需要上传的污染物组分标准状态下的质量浓度，即将监测到的污染物体积分数信号（10^{-6}）转换为质量浓度（mg/m^3），通过除湿计算和标准含氧量折算等方法，最终转化为监测数据基准含氧量的折算值；③增加数据统计功能，可根据实时数据统计出各污染物的 10min、时、日和月均值排放数据；④增加数据存储功能，可存储 2 个月内的分钟数据，以及 1 年以上的时、日和月均值数据，并能提供按条件查询历史数据的功能；⑤增加各监测组分历史数据、统计结果、参数及状态等显示。

将原有的数据监控扩展成同时监控数据、参数和状态的方式：①增加参数和状态监控模块，使监控平台能够接收和实时显示数据采集传输仪上报的自动监测设备参数和状态信息，并保存历史数据，提供实时查看和根据条件过滤查询功能；②增加智能报警功能，监控平台对各个站点实时上报的参数和状态信息实时判断，发现异常立刻报警；③增加参数和状态报警的统计功能。

监控平台接收和实时显示数据采集传输仪主动上报的自动监测设备参数信息和当前运行信息，并能保存参数的历史数据，提供实时查看和根据条件过滤查询功能。监控平台录入并保存各个站点所有参数的基准信息，并对各个站点实时上报的参数和状态信息实时判断，若参数信息被异常修改或状态信息异常，平台则立刻引发报警，提醒值班人员及时关注。监控平台能统计每个站点的参数和状态报警情况，以及同一类报警和故障在各个监测站点的分布情况。监控人员可在监控中心对现场设备进行远程反向控制等操作。监控平台对数据采集传输仪的反控指令包括对时、召唤历史数据、召唤历史设备运行状态、调取历史报警、修改配置参数等；对污染源监测设备的反控指令包括启动设备反吹、启动设备校准、启动设备零点校准/标定校准、启动和停止可编程逻辑控制器（PLC）、与监测设备对时、立即上传状态等。

第六节　环境管理措施[21]

一、废气管理措施

煤场、焦场宜采用封闭、半封闭技术，其中重点地区宜采用封闭技术，煤场和焦棚内安装洒水喷淋装置，定期洒水抑尘。炼焦煤、焦炭等物料宜采取封闭输送技术，焦粉、除尘灰等粉料宜采取密闭输送技术。焦炉炉门采用弹簧门栓、弹性刀边或敲打刀边、悬挂式空冷炉门、厚炉门板等技术，焦炉炉柱采用大型焊接 H 型钢，装煤孔盖、上升管盖、上升管根部、桥管与阀体承插等采取密封技术。焦炉宜采用自动加热技术。污染预防技术、污染治理技术、环境管理措施应科学设计、合规运行、加强管理。

二、废水管理措施

剩余氨水、煤气水封水、粗苯分离水和终冷排污水等应经蒸氨处理后送至酚氰废水处理站，同时应加强蒸氨单元的日常监管，保证出水水质达到设计指标要求。污染预防技术、污染治理技术、环境管理措施应科学设计、合规运行、加强管理，并确保系统处于良好运行状态。

三、固体废物管理措施

在固体废物管理过程中，炼焦化工企业应符合各项法律法规规定，满足相关标准规范要求。对于不明确是否具有危险特性的固体废物，应当按照《危险废物鉴别标准 通则》（GB 5085.7—2019）进行鉴别。经鉴别为一般工业固体废物的，其贮存的污染控制及管理应满足《一般工业固体废物贮存和填埋污染控制标准》（GB 18599—2020）的相关要求；经鉴别为危险废物的，应当根据其主要有害成分和危险特性确定所属废物类别并进行归类管理，其贮存的污染控制及监督管理应满足《危险废物贮存污染控制标准》（GB 18597—2023）的相关要求。对于列入《国家危险废物名录》附录《危险废物豁免管理清单》中的危险废物，在所列的豁免环节，且满足相应的豁免条件时，可以按照豁免内容的规定实行豁免管理。

除尘灰、焦油渣、酸焦油、蒸氨残渣、再生渣、废水处理污泥、废矿物油与含矿物油废物、废活性炭等宜密闭收集、贮存、输送，并通过专门的回配系统与入炉煤进行混合，确保全过程不跑冒滴漏。提盐过程产生的废液宜全部回用于脱硫系统。

四、噪声管理措施

炼焦化学工业企业应符合各项法律法规规定，满足相关标准规范要求，尽量采用低噪声设备，按照环境功能合理布置产噪设备，采取有效的降噪措施，并按时进行设备维护与检修。

五、节能管理措施[25]

实践表明，通过节能管理能有效防止能源浪费，起到节能减排的作用，有着十分显著的效果，需要引起相关人员的高度重视，做好以下关键工作。

1. 能源统计和分析

做好能源消耗相关记录，实行统计台账，制定报表制度，以自身耗能过程具有的特点为依据，逐步使记录与统计实现数字化和规范化。定期对能源实际消耗进行统计、分析和平衡计算，不断完善现有制度。

引入高新技术成果，做好计量统计，并做好过程控制、动态监督与严格管理。遵循现行原则，根据实际需要，在消耗能源的设备和系统当中，配置监控及测控装置。对于这些装置与系统，需要严格按照整体优化这一基本原则进行工况的调整。另外，借助信息技术对采集到的节能信息和数据进行处理，为过程优化控制及设备运行控制和管理提供可靠依据。加大力度开发能源管理程序。尽可能保证并不断提高装置完整性与准确性，如果计量手续不完整、不准确，将难以正确反映能耗水平。

2. 严格贯彻落实节能降耗相关法规标准

节能降耗相关法规与技术标准是当今社会在节能技术方面取得明显进步的重要体现，又是在全社会快速推进技术发展的有效措施。目前已经有超过150项涉及众多领域的节能降耗技术及其标准。对这些节能降耗的法规标准予以严格执行，是我国发展节能的重要政策。合理应用高新技术提高能源利用率，保证统计计量准确性，实行能源使用过程监控，是现代企业真正实现节能管理的关键内容。对此，做好企业与厂级等的执法检查，加强国家和地方监督，是当前节能降耗工作的重要内容，必须得到相关人员的高度重视。

3. 设备管理和改造

对换热设备进行更新和改造。积极推广和应用寿命较长、运行效率较高的新型换热设备，如陶瓷换热器、喷流换热器和板式换热器等。就目前来看，这些新型换热器已经取得了良好成效，在今后还要进一步加强，以发挥出更大的效果。

对通用设备进行节能改造，并对余热余能进行充分利用。在焦化厂中，主要有下列几种通用设备：锅炉、电动机、风机、泵机、压缩机和变压器。这些通用设备运行要消耗很大一部分能耗。另外，生产中还会排出大量余热与余能，对设备实施高压变频改造能提高至少10%的节电率。由此可以看出，这一方面有着极大的节能潜力，需要不断加大更新和改造力度。

引入全新的保温技术，对管道、法兰和阀门及其附件根据现行国家标准采取有效的保温技术措施；引入成熟可行的直埋式保温管；深入研究和制作采用复合材料的管道，将管网热损失控制在5%以内；做好各类设备及附件的日常维护和保养，保证管网泄漏率不超过0.2%。

积极推广和应用新节能材料。就目前而言，我国正加大力度推广和应用新型保温材料，如在温度不超过1250℃的窑炉中使用高铝纤维，在温度为1250~1400℃的窑炉中使用高温氧化铝耐火纤维材料。在此方面，通过对这些材料的应用，取得了十分显著的成效，值得进行更深层次的研究。

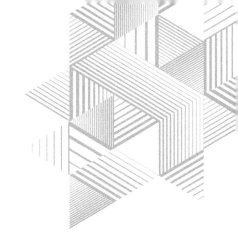

· 第五章 ·

焦化行业现场检查要点

本章概述了焦化行业绿色低碳诊断现场检查要点,分别对焦化行业在建项目和运行项目的现场检查要点进行了详细梳理。对于在建项目,现场检查重点从产业政策、地理位置、环评制度执行情况、"三同时"制度执行情况等方面开展;对于运行项目,现场检查则需从产业政策、生产现场情况、污染防治治理设施运行情况、环境应急管理、综合性环境管理制度等方面开展。本章重点针对现场检查,给出了识别应淘汰产业的方法,列出了检查现场各生产工序中潜在的产排污环节的检查要点,阐明了废气、废水、噪声、固体废物等污染防治处理设施及排放口和自动监测环节的检查重点。同时,为落实环境应急管理和综合性环境管理制度,本章节也给出了明确的现场检查要点。本章为现场开展焦化行业绿色低碳诊断提供了详细的指导和专业依据。

第一节 在建项目检查要点

本节内容参考中华人民共和国工业和信息化部《焦化行业准入条件》(2014年修订)整理[26]。

一、产业政策

1. 生产规模

2009年1月1日以后,新建顶装焦炉炭化室高度必须≥6.0m、容积≥

$38.5m^3$；新建捣固焦炉炭化室高度必须≥$5.5m$、捣固煤饼体积≥$35m^3$，企业生产能力100万t/a及以上。

2009年1月1日以后，新建直立炭化炉［半焦（兰炭）炭化炉］单炉生产能力≥7.5万t/a，每组生产能力≥30万t/a，企业生产能力60万t/a及以上。

2. 生产工艺

2009年1月1日以后，禁止新建热回收焦炉项目。现有热回收焦炉应配套建设热能回收和烟气脱硫、除尘装置。

2009年1月1日以后，钢铁企业新建焦炉要同步配套建设干熄焦装置并配套建设相应的除尘装置。

焦化生产企业应同步配套建设煤气净化（含脱硫、脱氰、脱氨工艺）、化学产品回收装置与煤气利用设施。

二、地理位置

环境敏感区判断：

① 禁止在集中式生活饮用水水源地一、二级保护区新建、改建、扩建焦化生产项目。禁止在饮用水水源准保护区内新建、扩建焦化生产项目，改建项目不得增加排污量。

② 城市规划区边界外2km（城市居民供气项目、现有钢铁生产企业厂区内配套项目除外）以内不得建设焦化生产企业。

③ 主要河流两岸、公路干道两旁和其他严防污染的食品、药品等企业周边1km以内不得建设焦化生产企业。

④ 新建、改建、扩建焦化项目应严格按照《炼焦业卫生防护距离》标准和已审批的环境影响报告书规定的范围建设。

⑤ 在依法设立的自然保护区、风景名胜区、文化遗产保护区、世界文化自然遗产和森林公园、地质公园、湿地公园等保护地内，不得建设焦化生产企业。

已在上述环境敏感区内投产运营的焦化生产企业要根据该区域规划要求，在一定期限内，通过"搬迁、转产"等方式逐步退出。

新建和改扩建焦化生产企业选址应靠近用户或炼焦原料基地，必须符合各省（区、市）地区焦化行业发展规划、城市建设发展规划、土地利用规划、环境保护和污染防治规划、矿产资源规划和国家焦化行业结构调整规划要求。

三、环评制度执行

1. 环评审批手续办理

新建、改建和扩建焦化项目,应依法进行环境影响评价,环境影响评价文件应由建设单位按规定上报有审批权的环境保护行政主管部门审批,取得环评审批手续。建设单位必须在取得环评手续后方可开工建设。

2. 环评审批手续变更

项目的性质、规模、地点、采用的生产工艺或者防治污染的措施等应与环境影响评价文件或环评审批文件一致。如有重大变更或原环境影响评价文件超过五年方开工建设的,应当重新报批环境影响评价文件。

3. 环境影响评价文件类别

2003年1月1日起,焦化项目应编制环境影响报告书。

4. 环境影响评价文件等级

2009年3月1日起,焦化项目环境影响评价文件应由省级及以上环境保护行政主管部门审批。2009年9月26日起至《政府投资项目核准目录》(新版)出台前,焦化项目环境影响评价文件由环境保护部审批。

四、"三同时"制度执行

1. 设施核对

污染防治设施和生态保护措施严格按照环境影响评价审批文件要求,与主体工程同时设计、同时施工、同时投产使用(可根据建设项目环保设施设计施工图、施工监理意见、单项安装质量验收结果以及"三同时"验收一览表等逐一核对)。

2. 验收时限

环保部门批准试生产申请之日起3个月;需延长试生产时间的,经有审批权的环境保护主管部门批准,应在试生产之日起一年内验收。

3. 防护距离

按照环评批复要求,落实防护距离内居民搬迁问题。

4. 验收手续及验收意见

建设项目竣工环境保护验收手续齐全,验收意见落实到位。

第二节　运行项目现场检查要点

本节内容参考中华人民共和国工业和信息化部《焦化行业规范条件》（2020年修订）整理[14]。

一、产业政策

淘汰类：

① 土法炼焦（含改良焦炉）；单炉产能5万t/a以下或无煤气、焦油回收利用和污水处理达不到准入条件的半焦（兰炭）生产装置。

② 炭化室高度小于4.3m焦炉（3.8m及以上捣固焦炉除外）（西部地区3.8m捣固焦炉可延期至2011年）；无化产回收的单一炼焦生产设施。

③ 单炉产能7.5万t/a以下的半焦（兰炭）生产装置（2012年）。

④ 未达到焦化行业准入条件要求的热回收焦炉（2012年）。

二、生产现场

检查内容包括生产工艺和主要设备，涉及炼焦、煤气净化和化学产品回收、煤气综合利用以及治理设施等工序。通过了解生产工艺和设备、重点产污节点是否配备污染防治设施，初步掌握企业污染物的产生负荷，确定污染防治设施的关注点。

1. 炼焦工序

焦化企业设置有储煤场、配煤仓、破碎楼、熄焦装置、筛焦楼、焦场等炼焦生产工序，各工序围绕焦炉集中紧凑布置。储煤场、配煤仓、破碎楼、焦炉之间通过全封闭运煤廊道相连；熄焦装置位于焦炉出焦一侧末端；筛焦楼、焦场通过全封闭运焦廊道相连。

（1）储煤备煤

① 类型：储煤方式分为筒仓、全封闭煤库、露天储煤场（配挡风抑尘网）。

② 检查重点：了解储煤方式、配煤仓与破碎车间的连接方式，检查配煤仓和破碎车间是否配备相应的粉尘收集、处理装置。

③ 辨别方法：现场查看。目前焦化企业应用较多的是挡风抑尘网。焦化企业应设置独立的破碎车间，一般设置于配煤仓后，与配煤仓以运煤廊道相连接。

(2) 炼焦熄焦

① 类型：炼焦装煤方式分为顶装煤、捣固侧装煤。熄焦方式分为干法熄焦和湿法熄焦。

② 检查重点：了解炼焦装煤方式、熄焦方式，检查是否配备相应的集尘和除尘设施；检查是否采用未经处理的焦化废水熄焦。

③ 辨别方法：查看环境影响评价报告书、现场查看。顶装焦炉煤塔和装煤车均位于焦炉炉顶正上方，集尘设施一般与炉顶装煤车成为一体。捣固装煤的煤塔和装煤车均位于焦炉煤侧，集尘设施位于焦炉炉顶上，独立布置。湿法熄焦塔为长方形塔式结构，塔旁边有熄焦水沉淀和粉焦捞出装置，塔内有折流板捕尘装置及反冲洗装置。干法熄焦结构复杂，有熄焦装置、惰性气体除尘装置、余热回收和发电装置。干法熄焦要求同时配套除尘地面站。根据熄焦补充水的颜色深浅视觉判断是否采用未经处理的焦化废水熄焦，判定其可能使用未处理焦化废水熄焦的，应采样监测。

(3) 筛焦

① 检查重点：检查是否设置除尘设施，了解除尘方式。

② 辨别方法：现场查看。筛焦一般设置于筛焦楼内，通过焦廊与焦炉晾焦台相连。

2. 煤气净化工序

根据煤气主管道走向，煤气净化工序主要包括焦炉煤气冷鼓、脱硫、脱氨、脱苯等。

(1) 煤气冷鼓工序

① 类型：分为直冷流程和间冷流程。

② 检查重点：了解煤气冷却方式，确定污水处理的关注点（产生源及主要污染因子）。

③ 辨别方法：现场查看。直冷流程排水量远高于间冷流程，目前普遍采用横管间冷装置，主要污染物为氨水，氨水产生量根据入炉煤水分不同而变化。

(2) 脱硫工序

① 类型：脱硫方式主要有湿法脱硫和干法脱硫两种。目前焦化企业普遍采用的为湿法脱硫，根据脱硫剂不同，包括有 HPF 法、PDS＋栲胶法等，适用于工业或其他用煤气。若作为城市民用煤气，可采用干法脱硫，常见脱硫剂包括活性炭、氧化铁等。

② 检查重点：了解脱硫方式、脱硫剂种类；检查是否设置有硫回收系统。

③ 辨别方法：现场查看，验证与环评报告的一致性。若未建设脱硫装置，则荒煤气中 H_2S 含量一般为 $3 \sim 10 g/m^3$，燃烧后废气 SO_2 无法达标。

(3) 脱氨工序

① 类型：主要分为洗氨工艺和硫铵工艺两种。

② 检查重点：了解脱氨方式，确定污水处理的关注点（产生源及主要污染因子）。

③ 辨别方法：现场查看，验证与环评报告的一致性。与硫铵工艺相比，洗氨工艺会使吨焦蒸氨废水量增加 $0.4 m^3$ 左右，相应也会加大蒸氨塔和污水处理负荷。

(4) 粗苯工序

① 类型：分为直冷工艺和间冷工艺。

② 检查重点：了解煤气终冷方式，确定污水处理的关注点（产生源及主要污染因子）。

③ 辨别方法：现场查看，验证与环评报告的一致性。直接终冷工艺废水产生量高于间接终冷工艺。

(5) 蒸氨工序

① 检查重点：了解是否建设有蒸氨塔，确定污水处理的关注点（产生源及主要污染因子）。

② 辨别方法：现场查看。若无蒸氨塔，则可判断剩余氨水直接进入污水处理装置，应考虑可能有剩余氨水稀释现象，同时污水处理能力也应相应增加。

3. 煤气利用工序

焦炉煤气作为气体燃料，可用于生产铝矾土、金属镁、水泥、耐火材料和钢铁企业的轧钢等。

① 检查重点：了解焦炉、管式炉、锅炉是否采用经净化处理后的焦炉煤气，检查剩余煤气是否得到综合利用。

② 辨别方法：结合出洗苯塔煤气主管道走向进行检查。检查煤气放散管，如果有点火放散现象，可说明剩余煤气未得到全部综合利用；如果有烟气，说明有剩余煤气未经点燃直接放散。

4. 厂区环境综合管理

① 检查重点：厂区（特别是化产装置区、储罐区、污水收集渠道、污水处理装置区等特殊位置）应采取防渗措施，并满足设计方案要求。

厂区道路要经过硬化处理。

生产过程中杜绝跑、冒、滴、漏现象。

道路两侧、储煤区、炼焦区、煤气净化区等装置区应尽可能进行绿化。

② 辨别方法：现场查看。

三、污染防治治理设施

1. 废气污染防治设施

焦化企业主要废气产排污节点及所采取的污染控制措施见表 5-1。

表 5-1 焦化企业主要废气产排污节点及所采取的污染控制措施

序号	工序名称	产排污节点	主要污染物	可能采取的几种污染控制措施	备注
1	储煤备煤工序	储煤场	颗粒物	1. 筒仓； 2. 封闭式储煤库； 3. 四周设挡风抑尘网和洒水设施	采用其中任何一种可满足要求
2		破碎机、转运站	颗粒物	1. 输送廊道全封闭； 2. 在破碎机产尘点设置集尘罩，收集后送袋式除尘器	1、2措施同时建设
3	炼焦熄焦工序	焦炉装煤	颗粒物、SO_2、BaP、BSO、CO、H_2S、NH_3、HCN 等	1. 高压氨水喷射； 2. 装煤地面站（根据是否设置有燃烧装置和采取除尘方式的不同，具体又有以下几种形式：不燃烧＋干法袋式除尘、不燃烧＋湿法除尘、燃烧＋干法袋式除尘、燃烧＋湿法除尘等）； 3. 炉顶设置侧吸管，将装煤烟气吸入相邻炭化室燃烧处理； 4. 炉顶设置移动式消烟除尘车	一般 1 是各企业普遍采用的装煤消烟抑尘设施，在此基础上，尾部配套采用或 2 或 3 或 4 任一种除尘措施（2、3、4 三种措施均包括集尘和除尘两部分设施）
4		焦炉推焦	颗粒物、SO_2、CO、H_2S、NH_3、BaP、BSO、HCN 等	1. 拦焦车上设捕集罩； 2. 捕集烟气送地面站，地面站采用干法或湿法除尘； 3. 捕集烟气送炉顶消烟除尘车	1 是各焦化企业出焦除尘的捕集措施，是后面各措施的基础。捕集后烟气可送 2 或 3 进行处理

续表

序号	工序名称	产排污节点	主要污染物	可能采取的几种污染控制措施	备注
5	炼焦熄焦工序	炉门、炉顶、上升管、桥管等	颗粒物、SO_2、CO、H_2S、NH_3、BaP、BSO、HCN等	1. 密封炉门； 2. 上升管和桥管水封； 3. 加强管理	1、2、3同时配套使用
6		焦炉烟囱	颗粒物、SO_2、NO_x	采用脱硫、脱氨后的净煤气为燃料	对焦化企业煤气净化和化产回收设施，目前要求建有冷鼓脱焦油脱萘、湿法脱硫、喷淋式饱和器脱氨、焦油洗脱苯四部分
7		熄焦塔	颗粒物、SO_2、CO、H_2S、NH_3、BaP、BSO、HCN等	塔顶设折流板滞尘	
8		筛焦楼振动筛及转运站	颗粒物	1. 输送廊道全封闭； 2. 在产尘点设置集尘罩，收集后送袋式除尘器或泡沫除尘器	1和2同时建设
9	煤气净化和化产回收	硫铵干燥器	颗粒物	旋风除尘＋雾膜水浴除尘	
10		粗苯管式炉	颗粒物、SO_2、NO_x	采用脱硫、脱氨后的净煤气为燃料	
11		蒸氨塔	氨	1. 氨气冷却成氨水，送脱硫装置； 2. 不经冷却，送硫铵饱和器	采用1或2任一种方式
12		各类贮槽等	颗粒物、SO_2、CO、H_2S、NH_3、BaP、BSO、HCN等	1. 由管道收集，送排气洗净塔，采用蒸氨废水洗涤后达标排放； 2. 设置呼吸阀； 3. 设置压力平衡装置，返回煤气系统	根据贮槽类型和位置不同，以上三种方式可配合使用

续表

序号	工序名称	产排污节点	主要污染物	可能采取的几种污染控制措施	备注
13	锅炉烟气	锅炉房	颗粒物、SO_2、NO_x	1. 采用脱硫、脱氨后的净煤气为燃料，烟气直接排放； 2. 采用燃煤锅炉，锅炉烟气配备有脱硫除尘设施	一般焦化企业均采用燃气锅炉，部分焦化企业采用燃煤锅炉
14	剩余煤气	洗苯塔	H_2S、B_aP、CO、NH_3 等	1. 作为甲醇、合成氨企业生产原料； 2. 作为镁合金企业生产燃料； 3. 作为煤焦油加工、粗苯精制等原料或燃料； 4. 其他用途	部分企业未建设剩余煤气综合利用设施，直接送放散管点燃放散

（1）储煤场扬尘

① 检查重点：检查煤场抑尘效果。挡风抑尘网，现场重点检查抑尘网与煤堆的高度差、喷水设施设置，是否满足防风抑尘需求。

② 辨别方法：根据储煤场四周煤粉散落情况，以及煤场无组织尘监测数据，检查煤场抑尘效果。一般煤堆高度低于网高10%，且高差至少达1m，煤场四周喷水设施应能保证覆盖整个煤场，煤堆表面含湿度达7%以上。

（2）煤破碎煤尘

① 检查重点：检查破碎机产尘口集尘罩是否密闭；检查袋式除尘系统设备去除效率是否大于98%，颗粒物是否达标排放。

② 辨别方法1：查看风机规格、功率铭牌，以及袋式除尘器面积，计算滤袋的过滤风速（风机风量/滤袋面积），判断其是否处于常规设计范围（0.8～1.5m/min）内。

辨别方法2：设备去除效率＝（出口废气量×出口浓度）/（入口废气量×入口浓度）。

辨别方法3：根据已有监测数据，检查出口浓度是否做到达标排放。

辨别方法4：袋式除尘器进出口压差是否在1.2～1.5kPa，小于1.2kPa时应注意检查布袋是否有破损，大于1.5kPa时表明布袋需清灰。

（3）装煤、出焦废气

① 类型：分为地面站除尘系统（包括装煤、出焦独立地面站和装煤出焦二合一地面站两种）、炉顶移动式除尘系统和侧吸管净化系统。

② 检查重点：从集尘设施和除尘设施两方面检查，具体包括检查炉体上升管、桥管是否设置水封装置；检查高压氨水泵（高压氨水喷射用于降低装煤瞬间废气逸散）是否正常运转；检查装煤瞬间和出焦瞬间集尘罩集尘效果；检查除尘设施正常运行情况和除尘效果。

③ 辨别方法1：装煤操作瞬间，主要查看炉顶装煤孔、上升管、桥管以及炉门等废气逸散情况，以此判断集尘罩集尘效果。

辨别方法2：出焦操作瞬间，主要查看焦炉炉体焦侧废气逸散情况，以此判断出焦集尘罩集尘效果。

辨别方法3：根据装煤、出焦除尘系统进、出口废气排放量和颗粒物、SO_2、BaP排放浓度的监测数据，直接判定污染物达标排放情况。

辨别方法4：根据地面站滤袋面积及风机风量，计算滤袋过滤风速是否在设计范围（0.9～1.2m/min）内。

(4) 熄焦废气

① 类型：湿法熄焦废气治理主要采用在熄焦塔中上部设折流板，起到滞尘效果；干法熄焦废气治理主要采用地面站除尘系统。

② 检查重点：对湿法熄焦，主要检查塔内是否设置有折流板捕尘装置及反冲洗装置；对干法熄焦系统，主要检查除尘地面站的集尘效果和除尘效果。

③ 辨别方法1：检查湿法熄焦瞬间，熄焦塔附近是否有带尘水汽降落，以此判断熄焦塔滞尘效果。检查干法熄焦装料瞬间，装料口及预存室粉尘逸散情况，以此判断集尘罩集尘效果。

辨别方法2：根据除尘系统进、出口废气排放量和颗粒物、SO_2、BaP排放浓度的监测数据，直接判定污染物达标排放情况。

辨别方法3：根据干熄焦地面站滤袋面积及风机风量，测算滤袋过滤风速是否在设计范围（0.8～1.5m/min）内。

(5) 筛焦废气

① 类型：主要有干法除尘和湿法除尘两种方式。

② 检查重点：检查集尘罩是否密闭；检查除尘装置是否正常运行。

③ 辨别方法：根据筛焦时，筛子落料点起尘情况，判断筛焦集尘罩是否密闭；根据滤袋面积及风机风量，计算滤袋过滤风速是否在设计范围（0.8～1.5m/min）内，判断干法除尘装置运行情况（目前，在判断湿法除尘装置运行情况上，没有直观的方法）。

(6) 硫铵干燥废气

① 检查重点：检查除尘系统类型，目前采用的多为旋风除尘串联湿式除

尘系统。若仅设置旋风除尘装置，则需进一步判断是否可做到达标排放。

② 辨别方法：根据运行记录和已有监测数据，分析是否做到运转正常和达标排放。

(7) 煤气排送系统

① 类型：一是管道收集后送排气洗净塔洗涤后排放，二是管道收集后返送回煤气管道，三是在储罐上设置呼吸阀，减少排放。

② 检查重点：检查放散气治理设施（排气洗净塔）是否开启、运行是否正常。

③ 辨别方法：根据已有监测数据，判断排气洗净塔能否实现达标排放。通过观察进出料时，储罐放散管是否有气体放散，判断排气洗净塔运行效果（有大量气体放散，说明运行效果不好）。

(8) 运煤车辆和道路

① 检查重点：检查运输车辆是否采用密闭方式运输（一般采用篷布密闭和厢式运输两种方式），运输道路是否有抑制扬尘措施（清扫和洒水）。

② 辨别方法：现场查看。

2. 废水污染防治设施

焦化企业主要废水产排污节点及所采取的污染控制措施见表5-2。

表5-2　焦化企业主要废水产排污节点及所采取的污染控制措施

序号	废水名称	产排污节点	主要污染物	治理措施
1	熄焦废水	熄焦塔	COD、氨氮、氰化物、挥发酚、石油类等	设置焦沉池,沉淀去除粉焦后循环使用
2	水封排水	上升管水封		送污水处理装置
3	剩余氨水	机械化焦油氨水澄清槽		送蒸氨装置
4	蒸氨废水	蒸氨塔		送污水处理装置
5	粗苯分离水	粗苯控制分离器		送机械化氨水澄清槽
6	终冷废水	煤气终冷器		送机械化氨水澄清槽或污水处理装置
7	管线冷凝液	煤气排送管道冷凝液收集处		送机械化氨水澄清槽或污水处理装置
8	地坪冲洗水	地坪冲洗	SS、氨氮、挥发酚、氰化物等	送污水处理装置

续表

序号	废水名称	产排污节点	主要污染物	治理措施
9	生活化验水	办公楼、宿舍楼等	BOD_5、COD、SS 等	送污水处理装置
10	化学水处理站排水	锅炉给水处理站	盐分	作为熄焦、煤场抑尘、加湿卸灰使用
11	锅炉排污水	锅炉	盐分	
12	循环水系统排水	化产、制冷循环水系统	盐分	
13	污水处理装置出水	污水处理装置	COD、氨氮、氰化物、挥发酚、石油类等	焦化厂污水处理工艺一般有 A/O 法、A^2/O 法、A^2/O^2 法等。处理后出水作为熄焦或洗煤补充水

(1) 污水来源

① 检查重点：了解污水来源，确定企业废水主要污染因子。

② 辨别方法：焦化企业送至污水处理装置的废水有两部分，有压污水和无压污水。有压污水主要是剩余氨水经蒸氨处理后的蒸氨废水，无压污水包括粗苯分离水、管线冷凝液、终冷废水、轴封水和气液分离废水、地坪冲洗水、生活化验废水，以及生产装置区跑冒滴漏、事故状态下设备清洗水等。上述废水均含有 COD、氨氮、石油类、挥发酚、氰化物等。

剩余氨水是焦化企业最主要的污水直接来源，含 COD、氨氮、挥发酚、氰化物等多种焦化特征污染成分，特别是 COD、氨氮浓度较高。要求设置蒸氨塔进行预处理，预处理后蒸氨废水送污水处理装置。利用《吨干煤剩余氨水产生量参考表》数据（详见表 5-3），初步判断是否存在剩余氨水未经处理直接排放行为。

表 5-3 吨干煤剩余氨水产生量

装炉煤含表面水/%	6	7	8	9	10	11	12
剩余氨水量/t	0.097	0.108	0.12	0.132	0.144	0.157	0.169

(2) 进水水量和水质

① 检查重点：检查各废水产生源水量与污水处理站进水量是否一致，检查污水处理站进水水质。

② 辨别方法：通过焦化生产工艺流程及装置特点、污水收集管网布设情况，了解各产生源废水如何收集和输送进入污水处理装置，估算废水产生量；

根据污水处理装置进口泵功率，检查装置进口水量，分析焦化企业主要生产废水是否全部收集，是否有偷排可能；根据企业自行监测记录，检查进口 COD、氨氮、石油类、氰化物、挥发酚等浓度。

一般情况下，年产 100 万吨焦炭的焦化企业正常生产情况下污水产生量在 $60m^3/h$ 左右（硫铵工艺）和 $90m^3/h$ 左右（洗氨工艺）。污水处理装置进口主要污染物浓度范围为：COD $4000\sim6000mg/L$、氨氮 $200\sim300mg/L$。主要污染物浓度随工程废水收集方式、送蒸氨装置的废水量及蒸氨工艺的不同，以及企业占地面积、职工人数和污水处理装置设计富裕系数不同有所不同。

(3) 处理工艺

① 类型：焦化企业污水处理工艺主要有 A/O 工艺、A^2/O 工艺、A^2/O^2 工艺等。其中，A^2/O 工艺更为常见，主要处理单元应包括隔油池、气浮池、调节池、厌氧池、缺氧池、好氧池、二沉池、混合反应池、混凝沉淀池以及相应的污泥浓缩机和污泥压滤机等。

② 检查重点：根据处理工艺类型，判定处理工艺与污染物处理需求的匹配性。

③ 辨别方法：根据主要建构筑物布置情况，判断其采用哪一种处理工艺，验证与环评报告书的一致性；结合企业自行监测记录和环保部门监测数据，判断污水处理装置是否满足焦化污水高 COD、高氨氮、难降解的水质处理要求。

a. 隔油池：主要处理蒸氨废水、粗苯分离水、轴封水以及地坪冲洗水等，去除以上废水中所含的重油及轻油。

b. 气浮池：主要处理以上废水中所含的乳化油和悬浮油。

c. 调节池：均衡水质和水量，同时也能承担事故状态下的废水储存作用，以利于下一步生化处理。

d. 厌氧池：将废水中难降解的有机物进行水解、酸化，以改善废水的可生化性。

e. 缺氧池：将废水中的硝酸盐氮和亚硝酸盐氮还原为氮气，以微小气泡从水面逸出。

f. 好氧池：去除废水中的 COD、挥发酚、氰化物及其他有害物质，并使氨转化为硝酸盐氮和亚硝酸盐氮。

g. 二沉池：对好氧池出水进行固液分离。出水一部分回流至缺氧池，一部分进入后混凝处理。底部污泥一部分回流至好氧池，一部分剩余污泥进入污泥浓缩机，依次经浓缩、压滤处理后送煤场。

h. 后混凝处理：包括混合反应池和混凝沉淀池。利用加入的混凝剂和助凝剂，使二沉池出水中悬浮固体形成易沉淀的絮状体，进行沉淀处理。

（4）运行状态

① 检查重点1：检查来水颜色、缺氧池和曝气池气泡颜色及分布情况，观察曝气池污泥沉降比，判断来水是否为焦化厂原水和水处理设施运行效果。

辨别方法1：观察来水颜色，应呈带油污黑褐色状，否则入污水处理装置废水可能经过稀释处理；缺氧池表面应有气泡，且气泡分布均匀密集，否则说明反硝化效果差；曝气池表面漂浮物体应呈黄褐色，否则说明曝气池运行效果差。

② 检查重点2：检查耗电量，判断废水污染防治设施运行情况。

辨别方法2：检查水泵、风机、刮泥机等关键设备的额定功率，根据企业台账，计算其耗电量，判断是否与缴纳电费一致。对比耗电量波动情况与废水负荷波动情况，若有较大出入，则存在污水处理装置非正常运转的可能。

③ 检查重点3：检查污泥产生量，判断废水污染防治设施运行情况。

辨别方法3：根据污泥产生量台账和污水处理负荷之间的逻辑关系，判断废水污染防治设施运行情况。

（5）总排口出口水量及水质

① 检查重点：检查污水处理站出口水量及水质的达标排放情况。

② 辨别方法：根据已有监测数据、出水管道铺设情况及出水利用单位用水量（出水利用单位指熄焦、洗煤等），对照《钢铁工业水污染物排放标准》，分析达标排放情况。分析水量是否符合"污水处理站进水量≈总排口出口水量＋出水利用单位用水量"的逻辑关系。

（6）熄焦废水处理系统

① 检查重点：检查熄焦废水沉淀池建设情况；检查熄焦耗水量，核实污水处理站出水去向（污水处理站出水主要用于熄焦）。

② 辨别方法：根据熄焦用水水泵规格、功率及设备运行时间（查阅运行台账），估算熄焦耗水量。

（7）循环水系统排水处理利用

① 类型：焦化企业一般设置有化产回收循环水系统、低温水给水循环水系统、制冷循环水系统，用于满足煤气净化和化产回收介质冷却需要。

② 检查重点：检查循环水系统排水量、排放特征和排放方式是否符合环评文件要求。若环保部门要求企业实现废水零排放，则还应检查该废水排放去向，判断实际生产中是否可做到综合利用不外排。

③ 辨别方法：根据对各循环水系统的水泵、加药方式、排水泵型号、排水周期、每次排水时间等现场检查，判断废水排放量；根据排水去向及用户单位产品使用水量的情况调查，判别该类排水综合利用率。

3. 噪声污染防治设施

焦化企业主要噪声产排污节点及所采取的污染控制措施见表 5-4。

表 5-4 焦化企业主要噪声源及采取的污染控制措施

工序名称	主要设备	声级/dB	治理措施
备煤	破碎机	85~95	室内布置、基础减振、隔声操作
	振动筛	85~95	室内布置、基础减振、隔声操作
	除尘风机	85~95	基础减振、消声器
筛焦	振动筛	85~95	室内布置、基础减振、隔声操作
	除尘风机	85~95	基础减振、消声器
炼焦	捣固机	95~105	
	鼓风机	85~100	减振支座、消声器、隔声操作
	地面站风机	85~100	基础减振、消声器
熄焦	水泵	75~90	基础减振、隔声室
煤气净化	煤气鼓风机	90~100	消声器、隔声操作
	氨水泵	75~90	基础减振
	焦油泵	75~90	基础减振
	其他泵	75~90	基础减振、隔声室
空压站	空压机	90~100	基础减振、隔声室
泵房	水泵	85~95	减振支座、隔声室
	排污泵	75~95	减振支座、隔声室
制冷站	制冷机	75~100	减振支座、隔声室
锅炉房	鼓风机	95~100	减振支座、消声器、隔声室
	引风机	95~100	
	排汽	105	

① 检查重点：逐一检查主要噪声源位置、个数，以及所采取的隔声降噪措施，检查厂界噪声达标情况。

② 辨别方法：可采用收集已有厂界噪声监测数据，或进行现场噪声监测方法进行。根据收集或现场监测数据，结合《工业企业厂界环境噪声排放标准》，判断厂界是否可做到稳定达标。

4. 固体废物处置设施

焦化企业主要固体废物产排污节点及所采取的污染控制措施见表 5-5。

表 5-5 焦化企业主要固体废物产排污节点及采取的处置措施

序号	固体废物名称	产生部位	主要污染成分	处置方式
1	粉焦	熄焦焦沉池	焦尘	一般固体废物,外售给周边居民或企业作燃料
2	焦油渣	冷鼓工序机械化氨水澄清槽和焦油分离槽	含有一定量焦油和氨水的煤粒及游离碳的混合物,一般含水 8%～15%,挥发分 60% 左右	危险废物,掺入煤中炼焦
3	脱硫废液	脱硫工段脱硫液贮槽	主要为 $Na_2S_2O_3$、$NaSCN$、$(NH_4)_2S_2O_3$、NH_4SCN 成分	危险废物,掺入煤中炼焦,或建设提盐设施进行提盐处理
4	酸焦油	硫铵工段满流槽	含甲苯可溶物 50%～70%,灰分 5%～10%,以及苯族烃、萘、蒽、酚类、硫化物等	危险废物,掺入煤中炼焦
5	沥青渣	蒸氨塔	沥青渣	危险废物,掺入煤中炼焦
6	再生残渣	粗苯工段洗油再生器	主要为芴、联亚苯基氧化物等	危险废物,掺入煤中炼焦
7	剩余污泥	污水处理装置	有机物、细菌、原生动物等	一般废物,掺入煤中炼焦
8	除尘灰	备煤、筛焦袋式除尘系统,装煤、出焦除尘地面站	煤尘、焦尘等	一般固体废物,掺入煤中炼焦
9	生活垃圾	办公楼、宿舍楼等	有机物、无机物等	定点堆放

焦化企业产生的固体废物中,除粉焦、除尘收集灰外,焦油渣、酸焦油、脱硫废液、粗苯残渣、剩余污泥等其余固体废物均为危险废物,掺入精煤中炼焦是目前较为可靠的综合利用方式。

(1) 产生量及处置方式

① 检查重点:检查粉焦、除尘收集灰、焦油渣、酸焦油、脱硫废液、粗苯残渣、剩余污泥等各类固体废物产生量及处置方式。检查危险废物转移联单,是否有未经利用擅自将危险废物运出厂外的行为。

② 辨别方法:根据焦化企业主要固体废物产生节点及采取的处置措施表,逐一检查各工序固体废物每班、每日或每月的产生情况,所采取的清理方式、清理周

期,了解产生量及处置方式,结合企业台账,判别是否得到综合利用。查看各类危废综合利用方案、外销协议、协议方危废处理资质、危险废物转移联单。

(2) 储存

① 检查重点:检查焦油渣、酸焦油、脱硫废液、粗苯残渣等危险废物是否有专门的储存容器,容器是否完好无损,储存场所周边是否有渗漏现象。

② 辨别方法:按照焦化企业主要固体废物产生节点及采取的处置措施表中所列各类危险废物产生部位检查。

5. 排放口和自动监控

焦化企业其他主要污染控制措施见表 5-6。

表 5-6 焦化企业其他污染控制措施

污染名称	产生部位	主要污染成分	采取措施	备注
事故风险	蒸氨塔事故	含氨氮、氰化物、挥发酚、硫化物、石油类等	设置型号相同的备用蒸氨塔,或设置蒸氨废水收集池	
	贮槽区事故	含焦油、氨水、苯等物质	1. 加强事故预警,建设安全预警设施; 2. 设置事故水池; 3. 设置围堤和防火堤	
	荒煤气放散	尘、SO_2、CO、H_2S、NH_3、BaP、BSO、HCN 等	1. 设备循环氨水泵、鼓风机等备品备件,并进行日常检查,保证随时投用; 2. 设置煤气放散自动点火装置; 3. 保证双回路电源,每路均能承担 100% 负荷	
环境管理和监测			1. 焦炉烟囱、全厂总排口安装连续在线监测仪; 2. 有专门的环保机构和环保人员,并有满足要求的环保监测仪器	
跑冒滴漏			在易产生跑冒滴漏的装置区周边设计收集渠道,将其引入污水处理装置;在易产生跑冒滴漏的设备处设置收集槽,并设置专门的集液车,即时收集送污水处理装置	
初期雨水收集			按照全厂地形特点,设置初期雨水收集池,收集初期雨水送污水处理装置	
厂区防渗			要求对重点装置区和重点建构筑物进行防渗处理,要求全厂建成后不存在裸露地坪,或硬化或绿化	

① 检查重点：检查污染物排放口的数量和位置、污染物排放方式和排污去向，与企业排污申报登记、环评批复文件的一致性。

检查自动监控设施。焦化企业要求对焦炉烟囱和总排口进行自动监控，若管理部门要求实现废水零排放，还应在污水处理装置入口设置自动监控设施。检查自动监控设施安装、运行、联网情况，检查自动监控设施的定期比对监测及数据有效性审核情况；检查自动监控设施显示的数据是否齐全（至少应包括焦炉烟气排气量、SO_2 浓度，废水排放量及 COD 浓度）、是否能显示历史数据、检查历史浓度数据和曲线，判断日常超标情况和频次，是否存在闲置、私改电路、违规设定参数等现象；烟气自动监控设施还应检查标定仪器的标气是否在有效期内；检查探头位置设置是否规范；检查数据线能否有效连接探头及监控仪器。

检查排放浓度、排放量达标情况。

是否存在偷排、漏排或采取其他规避监管的方式排放废水现象。检查是否有偷排口或偷排暗管，是否将废水稀释后排放，是否将高浓度废水利用槽车或储水罐转移出厂、非法倾倒。

检查是否设置符合国家标准《环境保护图形标志 排放口（源）》（GB 15562.1—1995）规定的排放口标志牌。

② 辨别方法：现场查看、资料检查。

四、环境应急管理

1. 环境应急预案

① 检查重点：企业是否编制"突发环境事件应急预案"，预案是否具备可操作性并及时修订（每三年至少修订一次，生产工艺和技术发生变化、周围环境或环境敏感点发生变化、应急组织指挥体系发生变化时应及时修订）。

企业是否组织对"突发环境事件应急预案"进行评估，并报所在地环保部门备案。

企业是否按预案要求定期进行应急演练。

② 辨别方法：查阅突发环境事件应急预案、突发环境事件应急预案备案登记表等资料。

2. 环境应急设施

① 检查重点：应急设施和措施是否完善，应急物资与设备是否配备。

② 辨别方法：根据环评报告中关于环境风险评价内容及《突发环境事件

应急预案》相关内容逐一核对以上设施、措施、物资及设备。

五、综合性环境管理制度

1. 排污许可证制度执行

在依法实施污染物排放总量控制的区域内，企业应依法取得"排污许可证"，并按照"排污许可证"的规定排放污染物；对已经安装自动监控设施的企业，可根据自动监控数据核定企业污染物排放总量是否达标。

2. 排污申报登记制度执行

企业应按规定向所在地的环境保护部门依法进行排污申报登记。

3. 排污收费制度执行

企业应依法及时、足额缴纳排污费。

4. 企业内部环境管理制度建设

企业应当制定环境监测制度、污染防治设施设备操作规程、交接班制度、台账制度等各项环境管理制度，配置专业环保管理人员。

第六章

S省F市焦化行业绿色低碳诊断案例

本节主要介绍了S省F市焦化行业绿色低碳诊断方法的应用案例。通过工作背景、工作流程、工作成果三部分，阐述了绿色低碳诊断方法实际应用的背景、过程、要点及发挥的作用。S省F市作为焦化产业的聚集地，在依赖焦化行业发展经济的同时，也承担着重污染企业带来的环境压力，但通过绿色低碳诊断，实现了全市空气质量的全面提升，创造历史最优成绩。此次绿色低碳诊断应用，有效支撑了F市焦化行业的深度治理工作，解决了当地生态环境保护的难点与痛点，对推动F市焦化行业绿色转型升级起到积极作用。

第一节 工作背景

依托丰富的炼焦煤资源优势，焦化是S省的传统优势产业，根据国家统计局数据显示，2021年S省焦炭产量位列全国前五，占全国焦化产量的21%。但该省多数焦化企业规模不大，研发投入不足，研发人才缺乏，焦化副产品均属初级加工，附加值不高，在碳排放源头防控、过程管控、末端治理方面还存在诸多短板。近年来，该省紧紧围绕低碳转型绿色发展，努力推进产业结构优化调整，加快升级改造，提出对焦化产业全面评估、科学布局，严格淘汰落后产能，停止违法焦化项目建设的相关要求。

焦化行业作为F市的主导产业之一，2021年，焦炭产量350.77万吨，同比增长 28.4%，拉动规模以上工业增加值增长 1.5 个百分点。"十三五"期间，F 市抓住传统产业升级改造契机，不断创新发展模式，推动煤、焦、化工绿色循环发展，对区域内几家焦化企业持续投入技改投资，工业转型升级取得一定成效。F 市共 4 家焦化企业，均位于当地某焦化工业园，该园区是 S 省政府确定的八大焦化工业园区之一，距 F 市中心 20km，是集采煤、洗煤、炼焦、煤气利用、化学产品加工和发电为一体的链式工业园区。焦化企业集中，距离市区较近，给全市空气质量带来较大影响，该市空气质量排名长期落后，在全省 120 个地市中处于倒数十名的状态，如何解决焦化行业面临的一系列环境问题，成为实现当地可持续绿色发展的重要环节。

第二节 工作流程

项目团队依据绿色低碳诊断方法，结合 F 市实际情况，有序开展焦化行业绿色低碳诊断工作，具体如下。

一、筹划与组织

在开展 F 市焦化行业绿色低碳诊断的工作中，由 F 市生态环境局主要负责人、项目组技术专家及焦化企业主要负责人成立诊断领导小组，领导小组办公室设在 F 市生态环境局。领导小组负责诊断工作统筹管理与宏观指导，并对实施过程中每一个环节进行监督，领导小组保持其人员组成相对固定，且根据工作推进需要及时更新人员与职责，保证诊断工作按时保质保量完成。

根据 F 市焦化行业特征及发展现状，围绕污染防治、清洁生产、能源资源利用、"双碳"战略目标等领域，邀请国家部委、研究机构、行业协会、知名高校、龙头企业等共计 30 余名顶级专家学者组建专家库，为 F 市焦化行业的技术改造、减污降碳、节能减排、行业监管等方面提供技术指导，为开展诊断工作提供技术保障。

组织领导小组和企业主要技术骨干参加诊断工作培训会。邀请专家宣讲最新的绿色发展政策文件，解读重点行业绿色发展工作意义，从生产工艺、主要产排污环节、能源资源利用、企业管理等方面开展宣传教育、基础培训、科普讲座、技术指导等，提高相关人员的绿色发展意识，保障诊断工作顺利开展。

二、现场工作

组织专家组针对 F 市焦化行业开展生产工艺全过程诊断，梳理行业关键共性问题，分析绿色发展潜力。排查污染物的来源、产生规模、排污去向；梳理焦化行业碳排放关键环节，掌握行业碳排放主要来源、产生规模，分析影响行业碳排放的关键因子；排查基础设施建设和运行存在的问题等，梳理 F 市焦化行业环境问题清单，并识别行业绿色发展共性问题，分析问题产生的原因。

三、方案的产生与实施

综合分析 F 市焦化行业绿色低碳发展水平及潜力，结合制约行业可持续发展的关键因素，提出科学可行的绿色低碳发展措施。针对 F 市焦化行业关键共性问题，从绿色低碳技术提升改造、资源能源节约、智能化管理等方面，提出切实有效的技术方案，快速提升 F 市焦化行业绿色低碳发展水平。

四、持续性绿色低碳诊断

完成单次绿色低碳诊断后，持续关注企业的可持续发展问题，使绿色低碳发展工作在企业内长期、持续地推行下去。制订持续的绿色低碳发展计划和目标，最后编写企业绿色低碳发展报告。

第三节　工作成果

项目团队于 2021 年 7 月介入 F 市，通过为期 5 个月的工作，全面提升了 F 市空气质量，空气质量全省排名由 112 名提升到 81 名，创造 F 市历史排名最优成绩。工作期间形成 50 余份工作简报，为 F 市地方政府和环境部门的日常监督管理提供了有力的依据；提出问题清单与整改意见 300 余条，形成 4 份企业绿色低碳发展报告，为企业下一步自身提高、实现绿色低碳发展提供了切实可行的路径。

此次诊断工作有效支撑了 F 市焦化行业的深度治理工作，解决了地方生态环境保护的难点与痛点，对推动 F 市焦化行业绿色转型升级起到积极作用。

F市政府及生态环境局领导对本次工作给予了充分肯定与认可,并发感谢信以肯定项目团队的工作。

根据F市此次工作的信息公开要求,以下为部分问题清单及改进建议。

一、企业1绿色低碳发展方案

1. 企业概况

企业1于2004年10月1日正式投产运行。企业主要生产设施包括3座热回收焦炉、2台熄焦车、3台装煤推焦车、2座熄焦塔。焦炭年产量约50万t/a。1号~3号焦炉型号均为QRD-2000型,装煤方式为热装热出,加热方式为焦炉煤气,焦炉周转时间为70h,炭化室有效容积为48.4m^3,炭化室孔数分别为62孔、44孔、54孔。3座焦炉烟气脱硫均采用石灰-石膏法工艺,脱硫剂为石灰,脱硝均采用SNCR工艺(备用)。1号和2号焦炉的装煤和推焦共用一套污染治理设施和一个排放口,治理工艺为干式净化除尘地面站(袋式除尘器)。3号焦炉的装煤和推焦共用一套污染治理设施和一个排放口,治理工艺为干式净化除尘地面站(袋式除尘器)。

2. 绿色低碳发展方案

通过绿色低碳诊断,为企业提出的绿色低碳发展方案建议如表6-1所示。

表6-1 企业1绿色低碳发展方案建议

序号	问题类型	问题描述	改进建议
1	环保合规性问题	多处排放口与排污许可申报数量不符。例如3#焦炉装煤推焦地面站正在建设,现运行的3#焦炉装煤推焦与硅铁废气合用一个地面除尘,且排放口与硅铁废气排放口合并为一个排放口。按照排污许可证申报,3#焦炉装煤推焦地面站排放口涉苯并[a]芘、二氧化硫、颗粒物三种污染物,而硅铁废气排放口仅涉颗粒物,合并处理并排放与排污许可证申报内容不一致	排污许可证所申请许可内容,与现场实际不符,建议企业按照企业实际生产情况,进行排污许可证变更
2		排放口与排污许可证申报高度不符。例如3#焦炉筛焦排放口高度降低,且有组织排放变为无组织排放,现场观察发现,此排气筒目前高度大概3m,与排污许可核发15m不符	排污许可证所申请许可内容,与现场实际不符,建议企业按照企业实际生产情况,进行排污许可证变更

续表

序号	问题类型	问题描述	改进建议
3	环保合规性问题	排放口未按规定安装在线监测。就现场走访情况来看，1#和2#焦炉装煤地面站合并设置，1#和2#焦炉推焦地面站也是合并设置，都别为一般排放口，且都未安装自动监测设备	按照《排污许可证申请与核发技术规范 炼焦化学工业》（HJ 854—2017），炼焦化学工业焦炉烟囱、装煤、推焦、干法熄焦排放口应为主要排放口，且焦炉烟囱颗粒物、二氧化硫、氮氧化物及装煤、推焦、干法熄焦地面站颗粒物、二氧化硫均需采用自动监测。建议企业按照企业实际生产情况，进行排污许可证变更
4	环境管理问题	现场工作间，部分生产数据记录缺失，不利于监测企业生产情况，及污染物排放情况	厂内DCS应把脱硝、脱硫、除尘前后的烟气量、污染物浓度以及氨逸装置接入，防止漏风、旁路等情况
5		已停用的储灰罐未在排污许可证上未进行相应信息变更	已停用的储灰罐若作为备用灰罐，应变更排污许可证相关内容，并增加布袋除尘设施
6		1#煤场采用封闭大棚＋棚顶喷雾措施（无死角），没有设置视频监控，厂区出口设置的洗车设施距离大棚相对较远，所以在煤场至洗车设施之间的路面上灰尘多。另外2#煤场采用封闭大棚＋雾炮（不能保证全覆盖），煤场入口处的路面粉尘较多	要求场内煤的倒运采用封闭皮带通廊，禁止采用汽车倒运。煤场应安装自动卷帘门同时配套喷雾抑尘设施
7		运煤皮带通廊窗户敞开，不符合管理部门要求	正常情况下建议运煤皮带通廊窗户关闭
8		煤场、焦场已采取封闭措施，但进出通道采用棉布门帘方式，不符合生态环境部门提出的封闭要求	按照规范要求进行封闭，建设规范的卷闸门，并配套雾帘
9		装煤出焦废气配套除尘系统风量45000m^3/h，偏小，影响除尘效果	对地面站加以改造，风量应大于200000m^3/h
10		现场走访发现，厂区内部分有组织废气排放口标识老化，信息未更新	建议企业对各污染源，应按照《环境保护图形标志 排放口（源）》（GB 15562.1—1995）中有关规定设置明显的标志，且按照最新排污许可证编号更新全场标识标号并更新标识牌

续表

序号	问题类型	问题描述	改进建议
11	治污设施问题	现场在线监测显示脱硫后焦炉烟囱烟气含氧量为 12%～13%。按常规焦炉焦炉煤气燃烧反应方程式计算：100m³ 焦炉煤气燃烧后，在 8% 含氧量情况下，废气体积 842m³，干烟气体积 714m³，烟气含氧量 12% 情况下，湿烟气体积 1215m³，干烟气体积 1082m³。烟气含氧量过高，增加烟气处理量，增加运行费用，增加超标排放风险，同时降低烟气温度，影响吨焦发电量	通过装炉煤挥发分控制、炉温控制等措施，尽量降低烟囱烟气含氧量。且企业当时正在对焦炉烟囱烟气脱硫脱硝装置进行技术改造，如继续采用湿法脱硫工艺，为了保证污染物排放稳定达标，建议增加湿式电除尘装置。同时在原焦炉烟囱处增加在线监测设施，以满足修订后的《炼焦化学污染物排放标准》要求
12		除雾（含管束）设施捕集颗粒物效果不好，颗粒物不能保证达到 S 省超低排放要求甚至特别排放限值的要求	设置湿法电除尘，升级改造后可以满足超低排放要求；同时要监测氨逃逸
13		推焦除尘目前没有除尘系统，也不满足 S 省超低排的要求，正在安装推焦除尘系统，其中 1# 和 2# 焦炉的焦侧采用大棚（共用），1# 和 2# 焦炉炉组的地面站的风量为 120000m³/h，相对偏小，主要是管路较长阻力较大，集尘效果不会很明显	除尘灰要采用气力输送或罐车输送。应在地面站安装在线监测设施，并集成生产设施的关键参数
14		目前脱硫烟囱 CEMS 显示 NO_x 排放浓度（实测）虽均小于 $150mg/m^3$（一、二期焦炉可小于 $50mg/m^3$，三期可小于 $80mg/m^3$），造成脱硝效率实际与理论存在偏差。原因一，现有 SNCR 效率不稳定。在检查期间发现，限产期间三期焦炉烟气含氧量 13% 高于一、二期烟气（10% 含氧量）条件下，三期焦炉 NO_x 排放浓度依然明显高于一期/二期焦炉排放的情况，证明 SNCR 脱除效率不一致。原因二，SNCR 脱除效率已达到值，但三套焦炉 NO_x 原始排放浓度存在较大偏差，造成了排放差异。无论哪种情况，都需要在收集基础排放数据基础上，进一步核实 SNCR 效率不一致的原因	建议对三套焦炉原始 NO_x 排放数据进行实测，摸清原始排放浓度，便于对三套 SNCR 脱除效率做相应调整，有利于按 8% 基准含氧折标要求做准备。可前期在三套喷氨点加装相应温度测点，摸清喷入点温度，应满足高于 850℃ 的要求；调整尿素喷枪位置、数量，强化尿素溶液与烟气的混合效果；核算现有尿素溶液泵的容量；优化喷枪的雾化效果等措施
15	在线监测问题	二期在线伴热管铺设有 U 形，不符合要求	建议企业及时整改

续表

序号	问题类型	问题描述	改进建议
16	在线监测问题	二期在线监测校准有超期现象	企业加强对运营公司运营工作的监督
17	在线监测问题	一期在线监测2021年9月4日与二期在线监测2021年8月28日没有对二氧化硫监测仪器进行校准,运营公司提供虚假校准台账	加强对第三方运维公司的管理
18	在线监测问题	一期在线烟尘监测仪器采样管路用异物堵塞,存在造假行为	建议企业严格管理,纠正行为
19	在线监测问题	无法提供比对校验原始记录或报告	企业加强监督运营公司对在线监测的运营维护,要求运营公司按规范比对校验在线监测设备,校验表附校验原始底单或者正式的比对报告
20	在线监测问题	设备更换两个月无调试及试运行报告及比对验收报告	建议企业尽快备案
21	在线监测问题	数据采集仪不能采集每分钟数据	企业尽快联系数采仪生产厂家要求对数据采集仪进行升级,满足储存、查看每分钟数据功能,如无法升级的,建议更换满足要求的数据采集仪
22	在线监测问题	焦炉燃烧荒煤气,焦炉烟气出口粉尘一般不会低于100mg/m³,这部分粉尘在未经高效除尘处理进入脱硫吸收塔,经吸收塔喷淋层水洗+高效除雾器除尘后,按照目前湿法脱硫工艺除尘效率来看,塔出口尘不会低于20mg/m³,而CEMS显示尘小于5mg/m³,CEMS监测数据和理论数据间存在明显偏差	针对这一项隐患,需尽快对粉尘监测仪器进行标定、比对。建议邀请第三方监测机构对塔出口污染物(SO_2、NO_x、PM、O_2、湿度)做监测,做到掌握实际真实数据,消除此项环保隐患

二、企业2绿色低碳发展方案

1. 企业概况

企业2于2008年1月5日正式投产运行。主要生产设施包括4座常规机焦焦炉、3台熄焦车、4台装煤推焦车、2座熄焦塔,年产焦炭160万吨。焦炉为TJL-4350D型,4×63孔;装煤方式:捣固;加热方式:单热式;剩余煤气去向:经煤气净化工序后剩余煤气用于生产甲醇,建有10万t/a甲醇生产装置。炭化室有效高度4300mm，焦炉周转时间为22.5h，炭化室有效容积为23.46m³。烟气治理采用双碱法脱硫、选择性催化还原法（SCR）脱硝（脱硝剂为氨水）工艺，装煤配置有装煤/推焦二合一地面站，采用干式净化除尘地面站（袋式除尘器）。机侧炉头烟并入二合一地面站，煤气净化VOC_s及恶臭治理采用洗涤＋引入焦炉燃烧的处理工艺。

2. 绿色低碳发展方案

通过绿色低碳诊断，为企业提出的绿色低碳发展方案建议如表6-2所示。

表6-2 企业绿色低碳发展方案建议

序号	问题类型	问题描述	改进建议
1	环保合规性问题	排污许可证副本未将企业产生的废机油、废油桶、化验废液列入	排污许可证所申请许可内容，与现场实际不符，建议企业按照企业实际生产情况，进行排污许可证变更
2		排污许可证副本存在焦炭筛分排放口，现场核查无此排口	排污许可证所申请许可内容，与现场实际不符，建议企业按照企业实际生产情况，进行排污许可证变更
3	环境管理问题	现煤气净化工序VOC_s治理采用洗涤＋引入焦炉燃烧的处理方式，缺乏记录管理	对洗涤操作工况进行记录(如pH、流量等)，以符合环保管理要求
4		运煤皮带通廊窗户敞开，不符合管理部门要求	正常情况下建议运煤皮带通廊窗户关闭
5		煤棚、焦场未封闭，且采用汽车装卸，未配备粉尘收集处理设施，易造成无组织排放	需完善煤棚、焦场封闭，建设规范的卷闸门，并配套雾帘
6		建有筛焦楼，但走访现场时未启用，发现露天筛焦装置，且焦料露天堆放，容易造成粉尘无组织排放	需取缔露天设置的固定筛焦设施，启用筛焦楼
7		地面站建有2套风量26万 m³/h的二合一地面站。机侧炉门烟气经炉顶风机汇入二合一地面站，但先现场调研发现，地面站效果欠佳，推焦装煤过程，无组织排放较严重	需另建布袋除尘器用于机侧炉门烟气处理，风量应大于16万 m³/h
8		机械化氨水澄清槽接渣装置已采取封闭措施，但未对尾气进行收集处理	建议对尾气进行收集处理，接渣斗为单层，如有可能采取水封或其他密封方式，以减少恶臭逸散
9		冷鼓焦油渣出渣口采用箱式封闭，但未设置废气收集管，造成$VOCs$无组织排放，现场异味较严重	焦油渣出渣口完善封闭设施，并设置废气收集管

续表

序号	问题类型	问题描述	改进建议
10	环境管理问题	硫铵生产区满流槽未设置有机废气收集处理设施,且排口过高,容易造成VOCs无组织排放	需设置有机废气收集处理设施,且降低排口
11		洗脱苯排渣口封闭效果不好,现场异味较严重	需进一步完善苯渣排渣口封闭设施,或改为液态排渣,将再生渣引入焦油氨水分离装置,以彻底消灭污染源
12		焦化废水预处理采用封闭措施,对收集尾气进行洗涤并引入焦炉配风系统,利用焦炉高温特性进一步处理,但部分封闭装置破损,且各废水处理池皆未密封	需组织检修完善,以符合生态环境部门要求
13		现场发现生产装置存在跑冒滴漏废水现象,且调研当天下雨,废水与雨水混流	完善厂区雨污分流。各罐区围堰出口需完善至雨水管网、污水管网及事故水池的切换阀门。各生产装置区需完善挡水堰,收集到的跑冒滴漏废水进入污水管网。全厂雨水排水系统至初期雨水收集池需设置切换阀门。完善事故水的收集管线
14		废油桶(涂料桶)属于危险废物,生态环境部在检查过程中多次通报该类问题,企业现场存在废油桶(涂料桶)乱堆乱放问题	危险废物暂存区域设置应参照《危险废物贮存污染控制标准》[GB 18597—2001(2013年修订)]及修改单的要求进行设置
15		焦炉炉顶上升管底部、桥管位置、炉门上部都存在无组织排放现象	建议加强管理,避免无组织排放
16		炉顶机侧集气罩与导烟车对接处封闭不严	建议完善封闭
17		推焦车与炉门对接处上部未封闭,只有炉门上部小集气罩收集烟尘,收集效果不好,推焦时推焦杆带出尾焦无组织排放大	建议封闭
18		焦炉装煤推焦车地面积尘积灰多,车辆运行时扬尘大	建议及时清理,避免无组织排放
19		企业厂区内存在渗坑。厂区未实现雨污分流,厂区雨水汇集在厂区低洼地形成渗坑。生态环境部多次发文对渗坑进行集中整治	企业应抓紧时间确定厂区初期雨水收集、处理和厂区雨水的存储问题

续表

序号	问题类型	问题描述	改进建议
20	治污设施问题	硫铵生产区地面未铺设防渗瓷砖,容易造成酸性废液下渗	完善硫铵生产装置区的地面防腐(铺设防渗瓷砖)
21		硫铵工序因设备问题处于停产状态,这可能会对粗苯高温洗油管道和设备造成严重的腐蚀,增加安全环保风险,同时影响甲醇正常开工,影响企业经济效益	尽快组织检修,恢复正常生产
22		在检查现场,焦炉处于减产情况下,烟气量减少30%以上情况下,两台引风机频率设置一台46Hz,一台44Hz,接近于50Hz的工频状态,已接近于满负荷状态,但SCR入口压力仍为正压,近600Pa,当满负荷生产时,气量增大,引风机显然无法满足全负荷烟气排放需求,存在热备烟囱漏烟的风险,并且未经脱硫脱硝治理直接泄漏的可能非常大	建议针对性开展监测工作,必要时更换引风机将SCR入口压力调节为负压,消除环保隐患
23		检查中发现,脱硫灰渣颜色为黑色,同时脱硫渣水外溢至路面,说明原烟气中烟尘含量大,单靠脱硫系统是无法彻底解决末端烟尘排放浓度小于$15mg/m^3$的要求	建议针对性开展监测工作,找出隐患
24		双碱法塔外设置了过多的水池,当塔排出的液体为酸性时,会排放到大气中,当时存液区设备存在较为严重的腐蚀也说明确实存在SO_2从水池中外逸大气的情况	建议对水池顶部加装盖板做必要的封闭,减少SO_2气体外逸,将高空排放污染引至地面污染
25		SCR入口压力600Pa,出口压力-2500Pa,压力差约3100Pa,判断为SCR催化剂层存在堵塞情况,当催化剂堵塞时,其脱硝效率会受到影响。CEMS数值显示正常,判断脱硝还原剂过量喷入,由于没有安装氨逃逸分析仪,缺乏数据支持。但其后余热锅炉阻力在1800Pa左右,远高于正常的800Pa	建议从余热锅炉尾部取灰样进行分析,或更换脱硫工艺,拆除目前双碱法,更换为干法或半干法脱硫工艺,彻底解决脱硫和粉尘排放隐患

续表

序号	问题类型	问题描述	改进建议
26	在线监控问题	二期焦炉烟囱在线监测2021年9月28日11时二氧化硫、氮氧化物、含氧量监测仪器出现故障无法上传数据,恢复时间为2021年10月14日19时。故障时长16天,根据S省地方标准DB14/T 2051—2020中规定:"不易诊断和维修的仪器故障,若5天内无法排除,应安装备用仪器。"	运营公司及企业严格执行相关标准要求
27		二期通往脱硫出口监测平台的爬梯腐蚀严重,安全隐患较大,楼梯出现镂空现象	加固平台爬梯,做好防腐措施

三、企业3绿色低碳发展方案

1. 企业概况

企业3于2005年9月正式投产运行,现有TJL4350D型2×72孔侧装捣固焦炉,产能100万t/a。主要生产设施包括2座常规机焦焦炉、2台熄焦车、2台装煤车、2台推焦车、1座熄焦塔。焦炉为TJL4350D型,炭化室孔数为2×72孔,装煤方式:侧装;加热方式:单热式;剩余煤气去向:经煤气净化工序后剩余煤气去往甲醇。炭化室有效高度为4300mm,焦炉周转时间为22.5h,炭化室有效容积为28.5m³。烟气治理采用氨法脱硫、选择性催化还原法(SCR)脱硝工艺,装煤配置有装煤地面站,采用干式净化除尘地面站(袋式除尘器),侧吸管集气,推焦配置有推焦地面站,采用干式净化除尘地面站(袋式除尘器)工艺。

2. 绿色低碳发展方案

通过绿色低碳诊断,为企业提出的绿色低碳发展方案建议如表6-3所示。

表6-3 企业绿色低碳发展方案建议

序号	问题类型	问题描述	改进建议
1	环保合规性问题	排污许可证副本缺少企业产生的废机油、废机油桶、化验室废液、脱硫废液、粗苯残渣等内容	排污许可证所申请许可内容,与现场实际不符,建议企业按照企业实际生产情况,进行排污许可证变更
2		装煤车车载除尘器及筛焦废气排放口未纳入排污许可管理	排污许可证所申请许可内容,与现场实际不符,建议企业按照企业实际生产情况,进行排污许可证变更

续表

序号	问题类型	问题描述	改进建议
3	环境管理问题	运煤皮带通廊窗户敞开,不符合管理部门要求	正常情况下建议运煤皮带通廊窗户关闭
4	环境管理问题	焦炉焦侧采取半封闭措施,烟气收集后末端采用布袋除尘处理,建有风量23万 m^3/h 的推焦地面站、风量14.5万 m^3/h 的机侧炉门烟气装煤地面站。但现场发现没有明显环境效益,焦炉推焦和装煤时有可见烟尘外逸,即焦炉机侧及焦侧都出现了大量颗粒物排放	完善烟气收集布袋除尘系统
5	环境管理问题	部分VOCs逸散点封闭措施不彻底,存在无组织排放现象,如硫铵满流槽、生化处理等装置封闭不完整,不符合生态环境部对封闭的管理要求	组织检修完善,以符合管理要求
6	环境管理问题	洗脱苯渣排渣口未封闭,易造成VOCs无组织排放严重,现场异味较严重	需进一步完善苯渣排渣口封闭设施,废气送化产VOCs处理系统,经油洗+酸洗+碱洗+活性炭吸附处理后排放,或改为液态排渣,将再生渣引入焦油氨水分离装置,以彻底消灭污染源
7	环境管理问题	装煤推焦地面站卸灰口未密闭,不能控制卸灰过程中的无组织排放;地面站灰仓卸灰间地面积灰多,有二次污染	建议对相关设备进行封闭;并配置吸排罐车
8	环境管理问题	厂区大量焦炭采用苫盖方式堆存,不符合当前环保要求	建议企业抓紧时间入库入仓
9	环境管理问题	煤棚矮墙与彩钢连接处部分未封闭;装煤气焦炭吸附装置装焦处未封闭;卸焦炭处未封闭;煤棚部分卷帘门损坏,未及时修复,已造成无组织排放	建议企业对相关设备封闭并及时修复
10	环境管理问题	筛焦楼封闭不严;振筛封闭不严;筛下物通过露天皮带卸入露天堆场;部分焦炭转运皮带露天;筛分除尘卸灰间未封闭,直接卸入小罐,有二次污染	建议企业对相关设备封闭并及时修复
11	环境管理问题	企业厂区内存在渗坑;厂区未实现雨污分流	企业应抓紧时间确定厂区初期雨水收集、处理和厂区雨水的存储问题

续表

序号	问题类型	问题描述	改进建议
12		硫铵工段建有2台喷淋饱和器、2台蒸氨塔。但硫铵生产区地面存在破损情况,易造成酸性液体下渗	需完善硫铵生产装置区的地面防腐(铺设防渗瓷砖)
13	治污设施问题	执行中检查当天调取焦炉脱硫脱硝DCS控制界面上的CEMS数据来看,污染物排放数据满足排放限值要求。存在的问题主要是存在氨法最为常见的烟羽拖尾现象,原因是采用的氨法为早期氨法脱硫工艺,洗涤工艺、氧化工艺存在一定问题,不能很好解决氨逃逸、氧化效率低、硫铵结晶效果差的问题	目前该套脱硫工艺技术比较落后,不具有改造价值,可以新建一套最新工艺的氨法脱硫塔,做到有效控制颗粒物、氨逃逸,解决烟气拖尾问题
14		SCR没有设置分仓系统,SCR检修时存在没有备用设备的问题	SCR催化剂使用年限较长,建议对催化剂进行监测,评估催化剂的性能,决定是否更换或增加一层新催化剂
15		脱硫出口在线监测有超期校准现象	企业加强对运营公司的监督管理
16	在线监测问题	脱硫出口在线监测2021年9月13日第三方运营人员没有对氮氧化物监测仪器进行校准,运营公司提供虚假校准台账	环保部门及企业对第三方运营公司加强管理
17		脱硫出口烟尘在线监测,分别测量空气与烟气时无明显变化	委托第三方检测公司对在线监测进行比对,核实数据的准确性
18		VOCs在线监测数据中,校准表填写不规范,仪器校准用的甲烷的标气,校准表上显示为非甲烷总烃的标气	运营公司规范填写在线仪器校准表,企业应加强对运营公司的监督管理

四、企业4绿色低碳发展方案

1. 企业概况

企业4于2010年12月1日正式投产运行。企业主要生产设施包括1座72孔TJL4350D型单热式侧装捣固焦炉,年产焦炭50万吨。经煤气净化工序后剩余煤气送企业3用于生产甲醇。炭化室有效高度4300mm,焦炉周转时间为24h,炭化室有效容积为28m^3。烟气治理采用氨法脱硫、选择性催化还原法(SCR)脱硝工艺,配置有装煤/出焦二合一地面站。机侧炉门烟气通过设置于炉顶的引风机汇入二合一地面站。

2. 绿色低碳发展方案

通过绿色低碳诊断，为企业提出的绿色低碳发展方案建议如表 6-4 所示。

表 6-4　企业 4 绿色低碳发展方案建议

序号	问题类型	问题描述	改进建议
1	环保合规性问题	二期环境影响评价中显示，"二期废水深出水送污水中水回用系统，循环水排水经净水回用水系统处理，净水送至循环水作为补充水，浓水送一期焦化熄焦水处理系统处理后作为一期焦化湿熄焦补水"。但目前一期焦炉已关停，二期废水暂无排放去向	建议企业尽快解决酚氰废水去向问题
2	环境管理问题	地面站建有推焦装煤二合一地面站，但现场调研发现风机铭牌损坏，风量不详。从目前废气收集效果来看，该系统需要进一步完善	完善风机系统，并保证铭牌标识清晰，便于监督管理
3		运煤皮带通廊窗户敞开，不符合管理部门要求	正常情况下建议运煤皮带通廊窗户关闭
4		煤棚未封闭，进入口设置简易门帘，装煤采用汽车人工装卸，且未配备集尘装置，现场无组织排放情况明显	按环保要求采取封闭措施，整改完善，并在进出口设置卷闸
5		焦棚未按环保要求采取封闭措施，四面敞开，且破损严重，存在较大安全隐患，且易造成无组织排放	按环保要求采取封闭措施，整改完善
6		筛焦楼停用，目前使用装载机将熄焦后的焦炭引入焦棚，焦棚内设有筛焦设施，但未配置除尘器，无组织排放情况较为严重	企业需启用筛焦系统，如需使用焦棚内的筛焦设备，需配套完善的除尘系统
7		无除尘抑尘措施。原料厂大量煤露天堆存；装卸车无抑尘措施；煤存在露天上料；煤棚各出入口未安装大门，封闭不严，已造成无组织排放	安装除尘措施，加强厂内管理
8		煤破碎除尘器排放口无采样平台和旋梯	增加采样平台和旋梯
9		熄焦塔外壁破损严重	企业进行修复，加强安全管理
10		焦炭振动筛和转运皮带露天作业，无除尘抑尘措施；大量焦炭露天堆存，无抑尘措施	启用焦炭棚，增加除尘措施
11		焦炭转运皮带通廊封闭不严	企业进行封闭，加强管理

续表

序号	问题类型	问题描述	改进建议
12	环境管理问题	厂区地面积煤较多,表现出装煤推焦废气收集设置收集效率低,或煤运输过程中有散落或无组织排放情况,且未及时清理	建议企业加强管理,及时清扫,减少无组织排放
13		洗油和粗苯等储罐设施,罐顶存在排气筒,且现场走访过程中洗油罐存在排放现象,且未看到收集或治理设施	建议企业加快治理设施建设,并与主体工程同时投入运行,以减少厂区内的无组织排放
14		二期部分焦炉炉门封闭不严,存在烟气外逸现象	建议企业对设备加强检修,减少跑冒滴漏
15		苯渣露天存放在苯渣池中	建议按照《危险废物贮存污染控制标准》[GB 18597—2001(2013年修订)]封闭管理,减少环境风险
16		原料厂大量煤露天堆存	建议尽快入库储存,加强厂内管理
17		硫铵生产装置区地面破损严重,容易造成酸性废水污染下渗	完善硫铵生产装置区的地面防腐,需采用防渗瓷砖
18		脱硫副产物硫酸钠露天堆放	应尽快做有害物质成分分析,判断是否为危险废物。在判断分析结果出来前,应妥善保管,防止受雨淋后流入地下造成污染
19	治污设施问题	企业对冷鼓区、化产区等VOCs、恶臭逸散点进行尾气收集,分别经剩余氨水、洗油洗涤后送焦炉燃烧处理;脱硫再生尾气直接送焦炉燃烧处理。VOCs尾气均引入焦炉配风系统,增加焦炉热工调节难度,增加焦炉烟囱尾气管控因子。部分VOCs逸散点封闭措施不彻底,存在无组织排放现象,如机械化氨水澄清槽接渣斗、生化处理等装置封闭不完整,不符合生态环境部门封闭的管理要求	尽快组织检修,完善VOCs治理封闭措施,以符合管理要求
20		硫铵于停工处状态,目前采用水洗氨工艺,经蒸氨后浓氨水用于焦炉烟囱烟气脱硫,脱硫后硫铵送煤场,全厂氨处于循环状态,有可能造成焦炉烟囱出现氨的逸散	企业需尽快启动硫铵生产装置,以消纳氨水。因该氨水中含有大量的挥发酚、氰化物,不得用于烟气脱硫脱硝

续表

序号	问题类型	问题描述	改进建议
21	治污设施问题	硫铵生产装置区满流槽未设置废气收集处理设施,易造成有机废气无组织排放	需配备有机废气收集处理设施
22	治污设施问题	现有粗苯再生器排渣方式为排干渣,但排干渣过程中,瞬时烟气排放量大、浓度高,仍会有较高浓度的 VOCs 无组织排放	粗苯再生器排渣改为排稀渣(液态排渣),将再生渣引入焦油氨水分离装置,以彻底消灭污染源
23	治污设施问题	冷鼓工段循环冷却水装置没有旁滤,缺乏对循环冷却水运行状况的监管措施,不符合《工业循环冷却水处理设计规范》(GB/T 50050—2017)要求;未配备制冷机,煤气净化工序主要指标达不到设计要求,增加焦化废水处理管理难度	按照《工业循环冷却水处理设计规范》(GB/T 50050—2017)要求,冷鼓工段循环冷却水装置加旁滤,配备制冷剂
24	治污设施问题	现场在线监测显示脱硫后焦炉烟囱烟气含氧量为 14%~15%。按常规焦炉焦炉煤气燃烧反应方程式计算:100m³ 焦炉煤气燃烧后,在 8%含氧量情况下,废气体积 842m³,干烟气体积 714m³,烟气含氧量 12%情况下,湿烟气体积 1215m³,干烟气体积 1082m³。烟气含氧量过高,增加烟气处理量,增加运行费用,增加超标排放风险,同时降低烟气温度,影响吨焦发电量	通过装炉煤挥发分控制、炉温控制等措施,尽量降低烟囱烟气含氧量,以满足修订后的《炼焦化学污染物排放标准》要求
25	在线监测问题	尾气脱硫排口颗粒物在线监测数据基本为零点几,变化小,询问运营商,此烟尘仪于 9 月开始设备出现操作死机现象,无法校准颗粒物零点与量程,操作设备会出现死机现象。此故障现象为长期故障	企业尽快联系厂家维修烟尘仪,若长期故障应启用备机
26	在线监测问题	尾气脱硫排口在线监测 2021 年 10 月 13 日第三方运营人员没有对二氧化硫监测仪器进行校准,运营公司提供校准台账与真实性不符	环保部门及企业对第三方运营公司加强管理
27	在线监测问题	据厂区人员介绍,脱硝温度控制在 350~380℃,但根据在线系统显示,温度在 220℃左右,温度过低会影响脱硝效率。经查环评,脱硫入口温度在 240~290℃。除尘脱硝一体化装置滤袋材质为 PTFE 覆膜耐高温复合针刺毡,耐温 280℃,连续使用温度 260℃,但目前企业在线监测属于试运行状态	建议企业尽快调试完善在线监测系统,并掌握脱硝运行真实反应温度

五、F 市焦化行业整体绿色低碳发展方案

1. 行业共性问题分析

(1) 总体装备水平相对较低,落后产能占比大

F 市共有 4 家焦化企业,全是独立焦化企业,产能一共 500 万吨。其中,1 家热回收型焦炉,3 家常规机焦,且炭化室高度为 4.3m 的落后产能占比 100%,所有炉龄均超过 10 年。通过对标《清洁生产标准 炼焦行业》,F 市焦化行业总体规模较小,能耗高,大气污染重,企业存在落后生产工艺和设备。部分企业的生产工艺、技术装备与《产业结构调整指导目录(2013 年修订本)》对比属于有限制类,例如侧装捣固焦炉,企业炭化室高 4.3m 等。

(2) 大气污染防治工艺落后,超标排放风险大

一是湿法熄焦落后工艺普遍存在。4 家焦化厂脱硫采用了湿法和干法两大类工艺,湿法工艺包括石灰-石膏法(企业 1),氨法工艺(企业 3、企业 4 一期,脱硫塔没有粉尘过滤系统),双碱法(企业 2),SDS 干法工艺(企业 4 二期)。其中双碱法工艺属于国家"十一五"环保淘汰环保技术,且双碱法塔外设置了过多的水池,当塔排出的液体为酸性时,会排放到大气中,当时企业现场存液区设备存在较为严重的腐蚀也说明确实存在 SO_2 从水池中外逸大气的情况。

二是烟气粉尘排放存在不稳定情况。从 CEMS 排放来看,4 家企业颗粒物排放均在 $5mg/m^3$ 以下。但根据企业治污工艺来看,数据准确度存在偏差,由于焦炉煤气燃烧后,炉间存在荒煤气窜漏(企业 2、企业 3、企业 4)或荒煤气直接燃烧(企业 1),原烟气中均含有颗粒物,如颗粒物浓度 $50mg/m^3$,湿法脱硫工艺经过洗涤和除雾器脱水后除尘效率一般在 70% 左右,脱硫后粉尘浓度 $15mg/m^3$,接近颗粒物的排放限值,只有干法脱硫并配有布袋除尘器,可以稳定在 $10mg/m^3$ 以下。同时从湿法副产物脱硫渣的颜色可以判断,原烟气带入脱硫的粉尘量比较大。因此,需要对湿法工艺的烟囱粉尘排放加强监测监管,加强对原烟气粉尘含量的监测,必要时可在脱硫前加装布袋除尘器。

(3) 日常环保管理意识薄弱,管理能力跟不上

一是企业无组织废气污染严重,现场扬尘及异味明显。尤其体现在 3 家常规机焦炉,包括原料储存、运输、破碎系统除尘设施配备不足,密闭程度不高,无组织颗粒物排放明显;企业存在跑冒滴漏问题,装煤推焦工序炉体黄黑烟烟气逸散明显;化产区及煤气深加工(LNG 联产甲醇)区 VOCs 泄漏明显;

焦化废水处理工序未采取密闭及收集措施，恶臭废气逸散明显，企业总体环境异味明显。

二是企业必要的环保装置未设置备用设施。焦化厂焦炉生产不能停产，限产也会持续产生烟气，如果脱硫装置、脱硝装置没有备用系统，环保装置检修势必会造成烟气不经处理直接排放，目前企业2和企业3都未设有备用的脱硫脱硝。

三是部分企业焦炉烟气处理设施长期停运检修。例如硫铵工序现场发现2家企业停运，无有效应急措施，这可能会对粗苯高温洗油管道和设备造成严重的腐蚀，增加安全环保风险；且目前采用水洗氨工艺，经蒸氨后浓氨水用于焦炉烟囱烟气脱硫，因该氨水中含有大量的挥发酚、氰化物，不得用于烟气脱硫脱硝，极可能造成焦炉烟囱出现氨的逸散。

四是企业未实现雨污分流。厂区雨水汇集在厂区低洼地形成渗坑，生态环境部多次发文对渗坑进行集中整治，但企业未重视起来，且未落实到位。调研期间恰遇到雨水天气，现场发现雨水与废水混流，各罐区围堰出口未完善至雨水管网、污水管网及事故水池的切换阀门，且生产装置区未完善挡水堰，导致收集到的跑冒滴漏废水未全部进入污水管网。

（4）企业监管体系尚未健全，日常监管不到位

一是VOCs在线监控能力落后。大多数焦化企业尚未安置VOCs在线监控设备，以至于部分焦化企业VOCs的控制装置形同虚设，液体洗涤剂、活性炭吸附剂未严格按照规范进行更换，处理装置检查时才临时启用。

二是脱硝设备运行监管不到位。例如SCR催化剂活性需要监管，否则活性低只能加大脱硝剂的喷入量，加大氨逃逸，会加剧大气中$PM_{2.5}$成分中硝酸盐类的含量，加剧雾霾污染程度，必要时应在SCR出口补装氨逃逸检测仪。SCR反应器入口和热备烟囱入口目前仅靠一道阀门隔离，当SCR入口压力处于正压时，极易造成热备烟囱的内漏，因此强化SCR反应器压力差的监管十分必要。焦炉原始烟气中NO_x属于高浓度排放，微小的泄漏都会造成向大气排放NO_x浓度超标，目前的热备烟囱的排放物浓度监测能力明显落后，部分焦化企业未对热备烟囱及烟气脱硫塔出口同时安装在线监测设备，存在企业少量焦炉烟气未经处理经由烟气脱硫脱硝旁路直接排至热备烟囱的风险。

三是企业相关废气监测装置的日常维护记录信息不符合实际或缺失等。4家企业不同程度的存在在线监测校准超期现象；在线伴热管铺设有U形，不符合相关要求；第三方运营人员未对监测仪器进行校准，提供虚假校准台账；校准表填写不规范，仪器校准用的甲烷的标气，校准表上显示为非甲烷总烃的标

气；无法提供比对校验原始记录或报告；设备更换两个月无调试及试运行报告及比对验收报告；在线监测仪器出现故障无法上传数据，但故障时长 16 天后才恢复，不符合地方相关规范等问题，说明企业对第三方运行的监管十分不到位。

(5) 企业环保法律意识淡薄，触碰红线隐患大

一是企业"三同时"及环评落实不到位，部分企业环保治理设施尚未建设完成，干熄焦、筛焦设置正在建设，但是焦炉已经投入生产；个别企业擅自改变环评、环评批复及排污许可证治理设施要求，人为修改治理工艺，造成排污许可证与现场不一致，某企业装煤推焦地面除尘站原为布袋除尘器，企业为了减少二氧化硫的排放，在外排烟囱烟道中喷入碱液，减少二氧化硫排放的同时，增加外排烟气中的颗粒物排放，该工艺未进行环境影响评价，排污许可证未对该治理设施进行描述。

二是部分企业明显的干扰在线监测数据行为。某企业烟尘监测仪器采样管路用异物堵塞，明显存在造假行为；某企业脱硫出口烟尘在线监测，分别测量空气与烟气时无明显变化；某企业焦炉烟气脱硫脱硝采用 SCR＋双减法脱硫，正常生产通过脱硫塔外排，在脱硫系统故障（检修）过程中，会开启旁路通过水泥烟囱排放，该排放口安装了在线设施，位于在线取样口前端，水平烟道进入备用烟囱位置设置有次氯酸钠喷头，以达到降低氮氧化物的目的，氧化法工艺生态环境部明确不予认可，存在干扰在线监测数据行为。

(6) 地方执法层层加码，企业生存压力加剧

地方政府为严格管控重点企业的污染排放，设立严于国家标准的排放限值，且按 10 分钟均值对企业进行超标预警提醒。但是根据污染控制工艺的反应原理，SO_2 和 NO_x 排放浓度显示数据相对滞性（原因是 CEMS 布置于烟气最末端的烟囱上），为迅速压低污染物排放值，企业即使考虑与燃料同步添加石灰石、尿素等脱硫脱硝剂，在短时间大量喷入石灰石，污染物排放浓度短时超标情况根本无法避免，部分企业只能将 SO_2 控制维持在个位数值，远低于环保排放指标下运行，不但造成脱硫剂、还原剂过多消耗，增大了脱硫剂、脱硝剂输送、计量设备的损坏，更为严重的是过多的炉内石灰石积累量，消耗了更多的额外燃料，同等负荷下燃料消耗和石灰石、尿素消耗量增量很大，过多的燃料以及脱硫剂、脱硝剂消耗，反而造成了更大的排放强度，对环保治理和环保装置的经济运行、安全生产造成较大困扰。

2. 行业绿色低碳发展建议

(1) 加快推动本地区焦化产业转型升级

根据 S 省发布的《关于推动焦化行业高质量发展的意见》要求，2023 年底前，全省焦化企业要全面实现干法熄焦，完成超低排放改造，全面关停 4.3m 焦炉以及不达超低排放标准的其他焦炉。F 市焦化行业若想长足发展，需尽快推进兼并重组，尽快制定炉龄较长、炉况较差、规模较小的炭化室高度 4.3m 焦炉的落后产能淘汰、产能置换政策，通过产能置换，新建现代化大焦炉，并严控新建焦炉项目标准。焦化行业通过多年的发展，炼焦相关技术更加成熟与完善，但由于行业内企业众多，诸多先进技术无法得到有效推广与广泛应用，因此，通过兼并重组和深度融合，使得企业从单打独斗向"联合舰队"转变，组成紧密型的大型企业集团，将有利于企业优势互补、强强联合，全面提升焦化产业规模效应。

（2）优化焦化行业资源配置促进绿色发展

根据 S 省 2022 年发布的《关于推动焦化行业高质量发展的意见》提出，加快推进化产回收利用链条高端延伸，加大科技攻关力度，推动焦炉煤气、煤焦油、粗苯等焦化副产品延伸产业链条，提升焦化化产加工利用水平。针对 F 市焦化建议：一是鼓励本地区焦化企业延伸焦化产业链条，围绕焦炉煤气综合高效利用、煤焦油深度加工等产业链，结合实际选择适合的技术路径，拓展延伸产业链条，发展化学产品精深加工，同时鼓励企业间资源共享、分工协作、提升专业化精细化水平，形成特色产业链；二是建议焦化行业实施"控制总量、强化管理、产业延伸"的发展战略，完善化工产品有效回收装置、开展余热、余气利用，加大对煤焦油、硫黄、焦炉煤气、轻油、粗苯等化工产品的集中加工和精深加工。

（3）扎实推进焦化行业改造升级深度治理

根据 2022 年国家发展和改革委员会、工业和信息化部、生态环境部和国家能源局联合发布的《高耗能行业重点领域节能降碳改造升级实施指南（2022 年版）》，提出加快焦化行业成熟工艺普及和推广，有序推动改造升级。针对 F 市焦化行业建议：一是加快对传统湿法熄焦工艺改造；二是加快推进本地区焦化企业按期完成焦炉烟气超低排放限值提标改造，加快焦炉烟气脱硫脱硝提标改造；三是加强焦化企业化产区、煤气深加工区等 VOCs 废气的控制与深度治理，深入开展化产区设备和管线泄漏检测与修复（LDAR）工作，鼓励企业采用深度净化技术；四是加快完成精煤、焦炭等散装物料储存和输送的密闭改造；五是加强企业装煤推焦工序炉体逸散黄黑烟烟气的控制；六是推动企业开展焦化废水处理系统逸散废气的收集与深度治理。

（4）推动先进污染控制技术引导和支持

近年来，焦化行业从备煤到焦炉到煤气净化再到废水处理，一系列的先进技术快速开发及应用，环保治理能力逐步加强，当地焦化应尽快提标改造，应用先进技术。一是鼓励本地区焦化行业开展先进污染控制技术的示范与推广。建议通过评估本地区焦化行业污染控制技术水平，制定统一的污染控制技术规范标准，明确先进与落后技术目录，引导企业选择先进技术。同时，鼓励和推动本地区焦化企业开展先进污染深度控制技术工程示范，推动和引领本地区焦化行业污染治理技术进步和能力提升。建议以深度净化（趋零排放）、不产生二次污染、异味彻底消除、兼顾回收废气余热与可燃气体热值，且便于全过程监控为主要特征的先进控制技术为优先支持方向。二是建议根据企业先进污染控制技术的示范效果，树立标杆企业，加强本地区焦化企业先进控制技术经验学习与交流，以点带面，带动本地区焦化行业污染控制能力全面提升。

（5）加快引导企业规范环保管理制度

管理上的创新是企业软实力的综合体现，建立符合企业自身实际情况的一套科学有效的管理体系和运行机制，将使企业产生强大的动力和凝聚力，为实现企业的高质量、可持续发展奠定基础。一是建议当地企业建立专业环保管理机构，配备足够专业人员，健全环保管理制度与环保事故应急预案，提高环保管理能力；二是加强企业环保设备台账管理，详尽记录企业相关废气处理装置的日常维护记录信息，并按规定时限保存；三是加强环保管理人员学习交流。建议树立标杆企业，企业定期组织相关人员向本地区或其他地区管理先进的焦化企业学习，提高环保管理人员业务水平。围绕"以人为本"的核心内容，扩展到企业装备水平的升级、工作环境的美化、人才队伍的梯队建设、业内先进技术的交流等，最终实现企业的可持续发展。

（6）健全环保监管体系提高行业监管能力

根据 S 省 2021 年发布的《焦化行业超低排放改造实施方案》，对"十四五"时期 S 省焦化行业全流程、系统化环境治理提出了具体要求。一是加强焦化企业自动检测设备在线运行监管，建设全厂污染物排放管、控、治一体化监控平台，全面加强自动监控、过程监控和视频监控设施建设。二是加强对企业物料封闭储存、运输、破碎等环节中无组织颗粒物排放的排查和监督管理。三是严厉处罚环保违法行为。严厉惩处擅自关闭、移除、闲置环保设施和监测数据弄虚作假行为，对篡改或伪造自动监测数据、干扰自动监测设备、破坏自动监测系统等行为依法依纪从严处罚，追究责任。

（7）因地制宜科学制定实施管控措施

地方政府应严格纠正"一刀切"层层加码的做法，保护合法合规企业权益。针对污染防治的重点领域、重点区域、重点时段和重点任务，按照污染排放绩效和环境管理实际需要，统筹推进，分类施策。首先纠正执行 10 分钟均值考核的不科学做法，按照国家、地方相关标准，对企业进行科学监管。对于具有合法手续且符合环境保护要求的，不得采取集中停工停产停业的整治措施；对于具有合法手续，但没有达到环境保护要求的，应当根据具体问题采取针对性整改措施；对于没有合法手续，且达不到环境保护要求的，应当依法严肃整治，特别是"散乱污"企业，需要停产整治的，坚决停产整治。只有科学制定实施管控措施，才能有效减少污染物排放，推动企业绿色发展和产业转型升级。

参考文献

[1] 中国炼焦行业协会.焦化行业"十四五"发展规划纲要［EB/OL］.http://www.cnljxh.com/news/show.php? id= 252.

[2] 吕玉红.焦化行业环境风险辨识及评估研究［D］.石家庄:河北科技大学,2019.

[3] 王明登,李超,许为.焦化碳排放分析及碳减排技术［C］//第十三届中国钢铁年会论文集(摘要)——大会特邀报告＆分会场特邀报告.2022:46-47.

[4] 国家发展和改革委员会.中国独立焦化企业温室气体排放核算方法与报告指南(试行)［R/OL］.https://www.ndrc.gov.cn/xxgk/zcfb/tz/201502/W020190905507324150310.pdf.

[5] 吴逸民.绿色诊断理论与实践［M］.北京:电子工业出版社,2021.

[6] 张新长.城市地理信息系统［M］.北京:科学出版社,2020.

[7] 环境保护部清洁生产中心.清洁生产审核手册［M］.北京:中国环境出版社,2015.

[8] 中华人民共和国工业和信息化部,国家发展和改革委员会,科学技术部,等.关于"十四五"推动石化化工行业高质量发展的指导意见［EB/OL］.［2022-04-07］.https://ythxxfb.miit.gov.cn/ythzxfwpt/hlwmh/tzgg/sbfw/qyshzr/art/2022/art_b5de044a1aff4601ab6b40d25a07bd42.html.

[9] 中国煤炭工业协会.煤炭工业"十四五"高质量发展指导意见［EB/OL］.［2020-07-31］.http://www.coalchina.org.cn/index.php? m= content&c= index&a= show&catid= 61&id= 121246.

[10] 工业和信息化部,国家发展改革委,生态环境部.三部委关于印发工业领域碳达峰实施方案的通知［EB/OL］.［2022-08-01］.https://www.miit.gov.cn/zwgk/zcwj/wjfb/tz/art/2022/art_df5995ad834740f5b29fd31c98534eea.html.

[11] 中国炼焦行业协会.焦化行业碳达峰碳中和行动方案［EB/OL］.［2022-08-03］.http://www.cnljxh.com/news/show.php? id= 470.

[12] 生态环境部,国家发展和改革委员会,工业和信息化部,等.关于印发《工业炉窑大气污染综合治理方案》的通知［EB/OL］.［2019-07-09］.https://www.mee.gov.cn/xxgk2018/xxgk/xxgk03/201907/t20190712_709309.html.

[13] 国家发展和改革委员会.产业结构调整指导目录(2019年本)［EB/OL］.［2019-10-30］.https://zfxxgk.ndrc.gov.cn/web/iteminfo.jsp? id= 18453.

[14] 工业和信息化部.关于《焦化行业规范条件》的公告［EB/OL］.［2020-06-16］.https://www.miit.gov.cn/zwgk/zcwj/wjfb/gg/art/2020/art_66a02f24b0db4bdeabb647c472f57e95.html.

[15] 工业和信息化部."十四五"工业绿色发展规划［EB/OL］.［2022-07-06］.https://www.miit.gov.cn/jgsj/ghs/zlygh/art/2022/art_dd7cf9f916174a8bbb7839ad654a84ce.html.

[16] 生态环境部.炼焦化学工业污染物排放标准［EB/OL］.［2012-10-01］.https://www.mee.gov.cn/ywgz/fgbz/bz/bzwb/shjbh/swrwpfbz/201207/t20120731_234146.shtml.

[17] 工业和信息化部.焦化行业绿色工厂评价导则［EB/OL］.［2022-09-16］.https://www.miit.gov.cn/jgsj/jns/gzdt/art/2022/art_5b164d9052e748b4a10c384563d1fb9a.html.

[18] 生态环境部.清洁生产标准 炼焦行业［EB/OL］.［2003-06-01］.https://www.mee.gov.cn/ywgz/fgbz/bz/bzwb/other/qjscbz/200306/t20030601_63132.shtml.

[19] 国家发展和改革委员会.关于发布《高耗能行业重点领域节能降碳改造升级实施指南(2022年版)》的通知［EB/OL］.［2022-02-11］.https://www.ndrc.gov.cn/xwdt/tzgg/202202/t20220211_1315447.html? code= &state= 123.

[20] 国家质量监督检验检疫总局, 国家标准化管理委员会. 焦化行业能源管理体系实施指南[EB/OL]. [2015-09-11]. https://www.cnis.ac.cn/ynbm/zhfy/zhxw/201405/t20140526_42192.html.

[21] 生态环境部. 炼焦化学工业污染防治可行技术指南: HJ 2306—2018 [EB/OL]. [2019-03-01]. https://www.mee.gov.cn/ywgz/fgbz/bz/bzwb/wrfzjszc/201901/t20190104_688509.shtml.

[22] 王瑞鑫. 焦化行业清洁生产技术研究[D]. 济南: 山东大学, 2015.

[23] 倪宁峰, 陶文斌. 在线监测技术在焦化行业中的应用[J]. 山西焦煤科技, 2009(10):28-29.

[24] 徐薇薇, 刘常永, 王增国, 等. 污染源自动监测设备动态管控系统技术及应用[J]. 环境监测管理与技术, 2017, 29(1):69-71.

[25] 许好杰. 关于焦化工艺中节能降耗技术的应用分析[J]. 石化技术, 2019, 26(3):30-31.

[26] 中华人民共和国工业和信息化部. 焦化行业准入条件[EB/OL]. [2022-12-01]. https://www.miit.gov.cn/zwgk/zcwj/wjfb/yclgy/art/2020/art_deb3a7a1ade149c3b9e9554ef2a0253a.html.